Eu também preciso de mim

CLARICE ASSAID

Copyright© 2020 by Literare Books International
Todos os direitos desta edição são reservados à Literare Books International.

Presidente:
Mauricio Sita

Vice-presidente:
Alessandra Ksenhuck

Capa:
William Guimarães

Diagramação e projeto gráfico:
Gabriel Uchima

Revisão:
Ivani Rezende

Diretora de projetos:
Gleide Santos

Diretora executiva:
Julyana Rosa

Relacionamento com o cliente:
Claudia Pires

Impressão:
Noschang

Dados Internacionais de Catalogação na Publicação (CIP)
(eDOC BRASIL, Belo Horizonte/MG)

A844e Assaid, Carice.
Eu também preciso de mim / Clarice Assaid. – São Paulo, SP: Literare Books International, 2020.
14 x 21 cm

ISBN 978-85-9455-272-3

1. Ficção brasileira. 2. Literatura brasileira – Romance. I. Título.

CDD B869.3

Elaborado por Maurício Amormino Júnior – CRB6/2422

Literare Books International
Rua Antônio Augusto Covello, 472 – Vila Mariana – São Paulo, SP
CEP 01550-060
Fone/fax: (0**11) 2659-0968
site: www.literarebooks.com.br
e-mail: literare@literarebooks.com.br

Sumário

Prólogo 7

Capítulo 1 19

Capítulo 2 33

Capítulo 3 55

Capítulo 4 73

Capítulo 5 101

Capítulo 6 119

Capítulo 7 137

Capítulo 8 151

Clarice Assaid

Esta é uma obra de ficção. Qualquer semelhança com nomes, pessoas, fatos ou situações da vida real terá sido mera coincidência. Ou não.

"Eu, visto pelo outro, nem sempre sou eu mesmo.
Ou porque sou projetado melhor do que sou,
ou porque sou projetado pior.
Não quero nenhum dos dois.
Eu sei quem eu sou.
Os outros, apenas, me imaginam."

Padre Fábio de Melo

Prólogo

Meu nome é Estela, tenho 65 anos. Estou na sala de espera do meu cardiologista.

Logo eu que nunca fico doente; detesto consultas e visitas a hospitais. Entretanto, nas últimas semanas, comecei a me sentir mal. Calafrios, coração disparado. "Está tudo bem, Estela! É só uma indisposição passageira", comecei a dizer a mim mesma. Mas meu corpo não acreditou em mim.

O mal-estar piorava à noite. E a noite seguinte era pior que a anterior. Tive que ir ao pronto-socorro. Tudo o que mais temia aconteceu. O médico fez uma cara de preocupado quando me viu. Médicos deveriam fazer curso de expressão facial para disfarçar a fisionomia de aflição.

Quando vi o ar grave do doutor, comecei a me sentir pior. E veio a parte inconveniente: exames, que pressupõem agulhas e, no meu vocabulário, agulha é igual à fobia, pânico. Tive que encarar a agulha. Encarar é modo de dizer; na verdade, virei o rosto no sentido contrário à enfermeira desalmada que tentava me furar.

Fiquei esperando o resultado dos exames. Eu, meu filho mais velho e minha angústia. Será alguma doença grave? Será que eu sofreria ou seria morte rápida, indolor? Foi a primeira vez que não briguei com meu filho por estar grudado no celular. Enquanto o *smartphone* entretinha meu filho, eu tinha tempo para elaborar pensamentos pessimistas sem ninguém para me atrapalhar com frases de conforto sem lógica.

O jovem recém-saído da adolescência, médico plantonista, chamou. O rosto dele agora refletia mais cansaço físico que preocupação com meu caso.

— Dona Estela, os exames não indicaram nenhum problema sério. As alterações no hemograma estão no padrão para alguém da sua idade. A senhora aparenta ter um caso de estresse. Procure descansar.

Dizer que alguém sofre de estresse é o mesmo que dizer que alguém está com virose. É maneira de diagnosticar sem dizer nada.

— Está bem, doutor! Vou tentar descansar - menti.

Os sintomas ainda persistiram. Como aprendi na TV que, ao persistirem os sintomas, um médico deverá ser consultado, obedeci à ordem e marquei hora com um cardiologista recomendado por uma amiga.

Levei meus exames. O médico pediu outros que, inevitavelmente, precisavam de agulhas. E eu não queria nem as de tricô. Mas a agulha e o mal-estar eram meus companheiros nos últimos tempos.

Cinco dias. Eis o prazo para os resultados ficarem prontos. Cinco dias de apreensão. Cinco dias para viver a montanha-russa de sentimentos: "tudo vai dar certo!" ou "acho que vou morrer!".

Cinco intermináveis dias depois, eu estava na sala de espera do cardiologista. Sua fisionomia não demonstrava apreensão; ao contrário da minha. Na verdade, o rosto dele não demonstrava emoção nenhuma.

— Dona Estela, seu coração está ótimo! Nada para se preocupar. A taxa de glicemia e colesterol está um pouco acima do ideal, mas nada que uma alimentação saudável e a prática regular de exercícios físicos não resolvam.

Fiquei aliviada, porém intrigada.

— Doutor, mas por que sinto essas palpitações todas as noites? Nunca tive nada.

— O que posso afirmar com segurança é que não tem nenhuma cardiopatia. Talvez seja interessante procurar um neurologista e fazer uma ressonância do crânio. Só para investigar todas as possibilidades. Se tivesse que apostar num diagnóstico, diria que a causa dos seus incômodos é emocional.

"Emocional! Que diagnóstico amplo! Será que eu não estou sabendo lidar com minhas emoções? Eu que sempre gostei de ler livros de autoajuda e participar de cursos de motivação. Estou me intoxicando com minhas emoções negativas?"

Fui ao neurologista. Resultado da ressonância: normal.

— Dona Estela, a senhora não tem nada na cabeça - disse o médico, tentando, sem sucesso, me fazer rir.

Coração ótimo e mente saudável. Mas meus sentimentos contrariavam o resultado dos exames. Continuava me sentindo mal. Era um desconforto físico e emocional. Voltei a procurar minha psicóloga Cláudia, em quem confio. Ela me ajudou no momento mais crítico da minha vida. Achei que já estava forte e me dei alta.

Depois das amenidades comuns de duas pessoas conhecidas que não se viam há algum tempo, comecei a falar das minhas angústias e da turnê pelos consultórios e hospitais da cidade.

— Cláudia, preciso me recuperar logo! Tenho muita coisa para fazer e muita gente que depende de mim. Muitas pessoas precisam da minha ajuda.

— Sabe quem mais precisa de você? Você mesma. A Estela precisa da ajuda da Estela. A Estela precisa passar mais tempo com a Estela – ela respondeu, enfática.

— Mas eu vivo sozinha. A pessoa com que mais tenho contato é comigo. Depois que me separei e meus filhos saíram de casa, vivo sozinha – comentei.

— Estar sozinha não quer dizer que dedique tempo a você.

— Isso é verdade. Meus momentos a sós eram sempre povoados de pensamentos e preocupações com outras pessoas.

Cláudia prosseguiu com sua avaliação.

— O que estou lhe dizendo é que precisa cuidar de você. Agora é o momento. Talvez pela primeira vez na sua vida a Estela necessite ser prioridade para a Estela. Você sempre se preocupou em cuidar de todo mundo. Chegou a sua hora. Precisa de você.

Tudo isso me pareceu conversa de livro de auto-ajuda. Além de soar como egoísmo. Sempre achei que o mundo está tão caótico porque as pessoas só pensam em si. E essa não é a solução, é a causa principal do problema.

Como se estivesse lendo meus pensamentos, Cláudia continuou.

— Sei que é religiosa e o que estou lhe dizendo soa como se fosse o contrário ao que Deus ensina. Mas lembre-se de que a Bíblia, livro que tem como sagrado, ensina que é preciso amar o próximo como a si mesmo. A primeira parte você tem obedecido, o que estou lhe propondo é que cumpra a ordem de amar a si mesma.

Além de Psicologia, Cláudia também entendia de Bíblia. Ficava difícil argumentar com ela.

— Estela, vou usar uma metáfora meio desgastada, mas ilustra bem o que quero lhe dizer. Quando as comissárias de voo explicam que, se houver turbulência forte, máscaras cairão do teto, enfatizam a ordem correta do procedimento: primeiro use a máscara em você; depois, ajude quem estiver ao seu lado. A ordem dos fatores altera o produto. Inverter as coisas nesse caso pode ser fatal.

"Xeque-mate". Cláudia me convenceu. Muita gente precisa da minha ajuda, do meu cuidado, mas eu preciso de mim.

— O problema é que não tenho certeza de quem sou. Não sei quem é essa Estela. Parece que a verdadeira Estela ficou para trás, perdida em algum lugar do passado. Uma vez li um poema em que a pessoa se perguntava: "Em que espelho ficou perdida minha face?" – continuei. É assim que me sinto. Teve uma noite, há pouco tempo, em que passei mal e minha filha me levou ao hospital. Quando cheguei, não sabia quem eu era nem o que estava fazendo lá. O médico disse que tive uma amnésia temporária. Acho que ele errou. Minha amnésia continua. Não sei quem eu sou. Não sei quem é essa Estela que está conversando com você.

— Não existe só uma Estela. Ao longo da vida, há várias "você" e todas ajudam a construir a Estela de hoje – Cláudia respondeu.

— Não faço ideia de quem é a Estela de hoje. Sou uma completa desconhecida para mim.

— Olhe para as Estelas que a trouxeram até aqui. Pense em tudo o que viveu. Talvez o que mais precise é se reconciliar com seu passado, sua história.

— Como fazer isso?

— Não sei. Você precisa descobrir como fazer esse processo. Talvez escrevendo um livro de memórias.

Nunca havia pensado nisso. Escrever um livro contando minha história. Ou minhas histórias. Aquilo mexeu comigo. Decidida, saí do consultório disposta a colocar no papel tudo, ou quase tudo, o que vivi. Entusiasmada, cheguei a minha casa. Não consegui dormir. Dessa vez não pela taquicardia, mas pela euforia. Parecia uma criança na véspera do Natal esperando o presente. Só que estava esperando o passado. E ele não demorou a aparecer.

As lembranças começaram a sair do esconderijo da memória. Fatos e histórias começaram a se atropelar em minha mente. Liguei o computador, de quem não sou amiga, apenas conhecida, e comecei a ocupar a tela em branco.

"Eu, escritora, a essa altura da vida!" Escrever para me ajudar. A cura pela palavra. As lembranças não paravam de jorrar na minha mente, num fluxo gigantesco. Os fatos não vieram em ordem cronológica. Talvez por ordem de importância ou pelo impacto dos acontecimentos na minha vida.

Resolvi seguir a sequência com que as histórias vieram à minha mente, e não a ordem de quando aconteceram. Mudar a ordem altera o produto. E dá a oportunidade de reescrever a história. Minha história.

Nunca havia pensado em escrever minha história. Sempre me enxerguei como personagem. Agora percebo que, além de personagem, sempre fui autora. Autora da minha história.

Contar a minha história ou reviver parte dela é a chance de revisitar algumas emoções e - quem sabe - fazer as pazes com o passado. Aquele computador a minha frente se transformou numa máquina que me faria viajar no tempo.

Mal comecei a escrever e já sabia o nome do livro:

EU TAMBÉM PRECISO DE MIM.

Capítulo 1

Escolhi a melhor toalha para colocar na mesa da sala. Resolvi utilizar os talheres do meu aparelho de jantar preferido, coisa que fiz poucas vezes em todos os anos de casada.

Resgatei meus castiçais, há muito guardados, presentes de casamento, havia reservado para uma situação única. Levei meus filhos, na época adolescentes, para passar a noite na casa da minha irmã mais velha.

Foi difícil a escolha do menu. Queria algo para demonstrar que aquela não seria uma noite como as outras. Seria marcante. Não podia errar na escolha do prato principal. Pensei em fazer Risoto de Alcachofra com brie. Era sofisticado demais. Não tinha a nossa cara. Talvez couve-flor gratinada com molho branco e ervas finas. Mas será que ele gosta de couve-flor? Não me lembro dele já ter comido couve-flor. "Que esposa relapsa", pensei. Melhor não arriscar. Por fim, optei pelo tradicional: salmão ao forno com molho de manteiga e limão. Prático. Era um prato que fazia bem feito.

A escolha do vinho foi um capítulo à parte. Nem eu nem ele costumávamos beber. O vinho está presente em ocasiões raras e especiais. Não somos conhecedores de bebida. Contudo, como queria que a noite fosse perfeita, fui atrás de uma amiga casada com um rapaz que entende de vinho. Entende tanto que chega até ser chato. Depois de dar inúmeras explicações de qual prato seria servido, ele me disse qual vinho melhor harmonizaria com o peixe. O vinho era sensacional, porém caro.

Não podia me descuidar do horário. Ele não costumava demorar. Entre 19h e 19h30, abriria a porta da sala. Já eram 18h30. Ainda faltava escolher a roupa que eu usaria e a trilha sonora do nosso jantar. Pensei em colocar *Detalhes*, do Roberto Carlos, mas não fazia ideia de onde estava o CD do rei. Teria que encontrar um plano B.

Achei a capa de um CD dos *Beatles*. Estava vazia. Enfim, escolhi *La Barca*, na versão do Lucho Gatica.

"Dicen que la distancia es el olvido
Pero yo no concibo esta razón
Porque yo seguiré siendo el cautivo
De los caprichos de tu corazón."

Canção perfeita para criar o clima que eu queria. Além disso, tocava no rádio quando ele me beijou pela primeira vez. Duvido de que se lembre. Entretanto, desconfio de que a noite de hoje ele se lembrará pelo resto da vida.

Por último, minha roupa. Aquele vestido rosa que ele gostava de me ver usando. Estava largo. Emagreci nos últimos tempos. Vou usar o conjunto vermelho que meus filhos me deram no dia das mães.

Coloquei minha roupa. Borrifei em meu pescoço meu Chanel e fui para frente do espelho me maquiar. Eu tinha que estar linda, sem ostentar demais. Marcante, porém discreta.

Estava tudo pronto. Quase tudo. Havia me esquecido do principal elemento do jantar: o gravador.

Assim que ele viu a mesa arrumada, ficou parado, confuso. Olhou do lado e me perguntou:

— Por que você está toda arrumada? Me esqueci de alguma data importante? Vamos receber alguém para jantar?

— Quantas perguntas! Estou arrumada porque a ocasião merece. Hoje é um dia importante sim. Todos os dias são importantes e merecem ser celebrados, todavia hoje tenho um motivo a mais.

— Não tô entendendo nada, Estela! Você tá um pouco esquisita. Andou bebendo, né?

— Não bebi nada. Ainda! Mas vou beber, ou melhor, vamos beber. Para festejar...

— Festejar o quê, Estela? Fale logo. Vai chegar alguém? Se for, deixe eu ir tomar banho e trocar de roupa.

— Não vai chegar ninguém. O convidado especial da noite já chegou: você.

— Ainda não entendi a brincadeira, mas tô gostando. Vou me trocar para entrar no clima.

Ele foi em direção ao nosso quarto. Embora tenha sido rápido, tive a impressão de que demorou o dobro do tempo.

Saiu vestindo uma calça azul marinho surrada que considerava "chique", uma camisa branca gasta e um paletó de cotelê vinho, que eu odiava. Saber se vestir bem nunca esteve entre suas virtudes.

Acendi as velas que estavam nos castiçais e apaguei a luz da sala.

— E aí, vamos comer? Esse negócio tá cheiroso.

— Antes, vamos brindar.

Servi o vinho recomendado pelo enólogo detalhista.

— À saúde! - disse ele.

— À verdade! - respondi.

O tilintar das taças quebrou o clima de interrogação estampado na cara dele.

— O que te deu pra fazer tudo isso?

— Um assunto importante.

— Imagino! Você nunca fez isso antes!

No aparelho de CD, a "nossa" música.

— Lembra-se dessa?

— Claro! Quem não se lembra desta música?

Não era o momento de criticar a memória fraca dele. Tinha que guardar munição para atacar no momento certo.

— Estamos comemorando alguma data de que me esqueci?

— Não.

— Então qual o pretexto para este jantar?

— Quero conversar com você. Mas não essas conversas superficiais que os casais têm todos os dias. Quero falar sobre algo importante.

— Sobre o que você quer falar? Vai querer fazer plástica?

Com raiva, dei um sorrisinho sarcástico.

— Quero falar sobre fidelidade. Ou melhor dizendo, quero falar sobre infidelidade. A sua infidelidade.

Ele arregalou os olhos e engoliu com desconforto o salmão que estava mastigando.

— Que brincadeira de mau gosto, Estela! Qual a lógica de preparar um jantar especial pra estragar com piada sem graça?

— Se alguém está brincando aqui, é você. Brincando com fogo. Preparei esta noite com todo carinho, todo empenho, para entender o quanto essa conversa é importante pra mim.

— Eu não sei do que está falando. Que infidelidade? Você sabe que sou o primeiro a chegar à loja e o último a sair. Nem parece que eu sou o dono. Não tenho tempo pra nada.

— Estou lhe dando a chance de confessar que tem me traído. De me pedir desculpas por estar me traindo esse tempo todo. Pelo menos hoje, se me falar a verdade, estou disposta a considerar a hipótese de perdoar-lhe de novo.

Suando, abandonou o prato ainda cheio.

— Estela, acho que está louca. O que está acontecendo? De onde tirou essa ideia absurda de que estou traindo você? Me sinto até ofendido.

— PARA! - gritei, descontrolando-me. Chega de tanta falsidade! Por que mente tanto pra mim? Aproveite a chance que estou lhe dando. Confesse tudo e me peça perdão!

Ele não estava disposto a ceder. Manteve a pose de marido fiel.

— A noite estava tão agradável. Pena que você estragou tudo com essas maluquices. Esquece isso. Não fique alimentando esses pensamentos...

— Deixe de ser cínico! Me fale a verdade. Eu só quero a verdade e um pedido de desculpas, um pedido sincero de perdão. Confesse! Vai fazer bem pra você também.

— Pare com isso, Estela! Vou dormir. Estou muito cansado pra ouvir tanta besteira.

— Vou lhe dar a última chance. Confesse que tem outra. Eu já sei de tudo, mas quero ouvir você me contando.

— Já deu, Estela! Você passou dos limites.

Quando ele começou a se levantar, peguei o gravador e ordenei:

— Sente-se e escute isso.

Apertei o *play*. Esse gesto mudou a minha vida e a dele para sempre.

Planejei o jantar com uma mistura de emoções.

Raiva, sede de vingança e ao mesmo tempo desejo de perdoar, de recomeçar.

Quis dar um ar litúrgico ao jantar. Era uma conversa séria demais para se ter de moletom, assistindo ao telejornal.

Como eu gostaria que ele tivesse tido a hombridade de assumir sua infidelidade e me pedir perdão. Eu choraria, me zangaria com ele, contudo estava decidida a continuar meu casamento. Como eu gostaria de não ter apertado aquele botão do gravador. Mas agora era tarde. A fita já estava tocando: "Nós vamos ter que ir ao motel hoje. Hoje é o dia pra gente encomendar nosso filho".

Como foi duro ouvir meu marido dizer isso para outra mulher: "Onde você quer morar? Jardins? Morumbi? Escolhe o bairro que compro um apartamento. Quero aumentar nossa família. Você sabe que trato seu filho como se fosse meu. Mas quero ter o nosso filho. Hoje somos 3. Daqui a 9 meses, seremos 4... Vamos hoje à tarde para aquele motel de que gosta".

Pálido, trêmulo, espantado. Ele ficou olhando incrédulo para o aparelho que emitia aquelas palavras. Chocado, petrificado. Nunca imaginou que eu seria capaz de contratar um detetive particular para segui-lo. Muito menos que possuía provas tão concretas.

— O que é isso, Estela? Tire essa fita.

— Você vai ouvir até o fim. São cinco minutos de declarações apaixonadas, com sua voz. Ouvi outras conversas, porém esses cinco minutos são o suficiente para não ter como negar. Cinco minutos já são o suficiente.

Trezentos e sessenta e cinco dias. Esse foi o período que o detetive que contratei ficou no encalço do meu marido. Um ano para conseguir reunir várias provas de adultério. E ali, naquele gravador, um dos diálogos mais patéticos. Ele quer um filho com a amante. E ela, a quem carinhosamente apelidei de *franga*, não acha isso uma boa ideia.

Já tinha ouvido aquele trecho centenas de vezes. Sozinha, escondida, chorando, humilhada, sentindo o amargo sabor do menosprezo.

No entanto, dessa vez era diferente. Ver a expressão de perplexidade dele compensou o investimento financeiro que fiz para ser seguido. Gastei o equivalente ao valor de um carro. Valeu a pena!

— Estou passando mal. Pare com isso, Estela!

— Já ouvi tantas vezes. Passei mal em todas. E não morri. Tô aqui, firme.

Ele se levantou e foi para o quarto. Peguei o gravador e fui atrás. Sentado na cama, ele não acreditava no que estava acontecendo. Por alguns instantes, pensei que não fosse suportar. Ficou pálido, com os lábios roxos.

— Se morrer, não vou sentir um pingo de culpa. Você mesmo é o culpado. Só estou mostrando o que falou. Não se preocupe. Caso desmaie, chamo o vizinho para levá-lo ao hospital. Nosso vizinho é médico e já me certifiquei de que estará em casa hoje à noite. Como vê, pensei em tudo.

Ele continuava imóvel. Como se quisesse despertar de um pesadelo interminável.

Deixei-o sozinho. Fui andar na praça ao lado da minha casa. Minha caminhada era acompanhada pelas minhas lágrimas. Chorei de alívio, de tristeza, de incerteza de como aquela história terminaria.

Algumas perguntas não saíam da minha cabeça: Como vou tocar minha vida sem ele? Como vão ficar meus filhos? O que vai ser da minha vida? Por que tudo aquilo estava acontecendo?

Quando voltei para casa, meu marido estava na cama. Olhei o gravador. A fita havia sumido. Ele havia pegado.

— Pelo jeito está melhor. Não desmaiou e teve forças até para roubar a fita. Não se cansa de me subestimar. Claro que é uma cópia. A original está bem guardada. Mesmo assim, quero a fita na minha mão. Agora!

— Esquece isso, Estela. Deixa pra lá. Você não vai ganhar nada agindo assim.

— Me devolva a fita! Não cheguei até esse ponto para desistir. Eu quero a fita AGORA! Você não sabe do que sou capaz de fazer.

Estava falando sério. E ele sabia. Levantou-se e pegou a fita no bolso de um paletó.

Resolvemos manter as aparências para nossos filhos. Eu e ele não nos falamos por muitos dias. Ele dormia na sala. Até que um dia me procurou e pediu perdão. Disse que entendia minha reação, que estava arrependido. Havia tido tempo para pensar em tudo o que havia feito e me pediu uma segunda chance. Não queria que nosso casamento acabasse. Insistiu para que não nos separássemos. Apelou para que pensasse nos nossos filhos. Tínhamos uma história juntos, disse ele, não podia acabar daquele jeito.

Até hoje não sei por que resolvi dar mais um voto de confiança a ele. Escolhi acreditar que passava de um caso passageiro, sem importância.

Continuamos juntos. Até que descobri algo que me deixou sem chão: meu marido estava com a outra mulher há quase vinte anos.

Capítulo 2

Dezoito anos. Esta era minha idade quando conheci meu ex-marido.

Era uma jovem muito bonita e nada modesta, como esta frase pode comprovar. Sempre fui cortejada pelos rapazes que se aproximavam com um elogio e se distanciavam porque nunca dava bola para nenhum deles.

Alguns galanteadores eu vencia por nocaute. Uma frase minha jogava o pretendente na lona.

— Você vem sempre aqui? – dizia um.

— Vinha até hoje. Mas com gente tão inconveniente como você, essa vai ser a última vez - vendo a autoestima do rapaz desmoronar na minha frente.

Outros moços eram mais resistentes, ou resilientes como se diz hoje em dia. Levavam um fora daqueles, contudo continuavam em pé, tentando um contra-ataque para conquistar aquela menina tão arisca, como se dizia naquela época. Algumas lutas eu ganhava por pontos.

— Sabia que você é a jovem mais bonita deste lugar? – um dizia.

— Sabia que você é o sujeito mais inconveniente deste lugar? – devolvia.

— Nossa! Que gatinha manhosa! Você é uma pimentinha, hein? Mas vou te dizer uma coisa: "Eu adoro uma pimentinha!".

— Então vá comer um vatapá e me deixe em paz.

— Se continuar me tratando assim, vou me apaixonar.

— Eu vim aqui pra me divertir. Quando eu quiser conversar com gente chata, chamo.

— Você é mal-educada, mas é divertida. Gostei de você!

— Você é mal-educado e cansativo. Não gostei de você! E se continuar me perturbando, vou chamar o segurança.

Na verdade eu gostava daqueles galanteios, porém não deixava a coisa prosseguir por um motivo: meu coração já tinha dono.

Laércio. Esse era o homem por quem era apaixonada. Mesmo sabendo que nosso amor era impossível. Foi com o Laércio que descobri o quanto o amor é o sentimento mais forte que alguém pode experimentar. Foi com ele também que constatei como o amor pode causar tanto sofrimento.

Comecei a trabalhar jovem ainda. Fui babá, empregada doméstica e costureira. Sempre me esforcei muito e, como já perceberam que modéstia é uma característica que não possuo, sempre me saí bem em tudo que fiz.

Conheci Laércio quando tinha 16 anos. Ele tinha 18. Comecei a trabalhar na casa da dona Guiomar como doméstica. Ela gostou de mim. Um carinho maternal que foi correspondido, sonhava em chamar novamente alguém de mamãe.

Um dia, quando já estava indo embora, depois de um dia exaustivo de faxina, dona Guiomar me chamou na sala. Precisava falar sério comigo. Na hora pensei que seria demitida, o que seria uma grande injustiça, já que era uma funcionária exemplar.

— Estela, você sabe que todos nós aqui de casa gostamos muito de você e do seu trabalho.

Eu também preciso de mim

A conversa tinha tudo para continuar com um: "mas infelizmente vamos ter que demiti-la". Porém, a sequência da fala da dona Guiomar me surpreendeu.

— Conversei com Nonato e com os meninos e gostaríamos que morasse aqui com a gente. Você mora longe, sai tarde daqui e chega muito cedo. Aquele quarto pequeno não está sendo usado para nada, aliás, só para acumular bagunça e poderia dormir nele. Não se preocupe porque vamos respeitar seu horário de trabalho. Não queremos explorar você. Pelo contrário, queremos que descanse mais e tenha mais tempo para se divertir, estudar, fazer o que quiser.

Por essa eu não esperava. Trabalhava no bairro do Pacaembu, em São Paulo, e morava na zona Leste, no bairro de São Miguel Paulista. Fazia uma longa viagem, mais de duas para ir e duas para voltar.

— Dona Guiomar, eu agradeço, mas a senhora sabe que eu cuido dos meus irmãos...

— Eu sei. Mas cansada do jeito que chega, duvido de que tenha muito tempo pra eles.

— Isso é verdade! Quase toda noite durmo no sofá, vendo TV.

— Pois é. E poderá ir pra sua casa todo final de semana. Vamos continuar dando o dinheiro da passagem como se continuasse indo. Guarde esse dinheiro e poderá ajudar ainda mais seus irmãos.

A proposta era tentadora. No entanto, não estava acostumada com tanta bondade. Fiquei com um pé atrás. A esmola era muita. Mesmo eu que não sou santa, acabei desconfiando.

— Obrigada, dona Guiomar, mas eu não posso aceitar.

— Por que não?

— É que eu não gosto de ficar devendo favor.

— Quando me casei com Nonato, ele ganhava menos do que um salário mínimo. As coisas eram difíceis. Quando Laércio nasceu, estávamos numa pindaíba lascada. Venâncio, dono da casa onde morávamos, fez uma proposta: não cobraria aluguel por um ano. Era o presente que quis dar para o nosso primeiro filho. Nonato, todo orgulhoso, não queria aceitar. Eu disse que aquela era a chance de investir o dinheiro do aluguel na confecção que tanto sonhava ter. Relutou. Você sabe como homem é teimoso. Mas acabou aceitando. E como vê, a história teve final feliz. Abrimos nossa oficina de costura e, dois anos depois, compramos esta casa. Nada disso teria acontecido sem a ajuda do Venâncio. Aproveite a oportunidade!

Era difícil falar não para Dona Guiomar. Tão difícil que acabei dizendo SIM. Aceitei a oferta.

— A senhora pode ficar tranquila que serei invisível depois das seis da tarde. Ficarei no meu quarto. Quando precisar, saio pela cozinha. Não vou incomodar em nada.

O dinheiro que economizaria com as passagens daria para ajudar meus irmãos. Todavia, como disse, nada tenho de santa, outra motivação também contribuiu para aceitar a oferta. Ficaria mais perto de Laércio.

Desde o primeiro dia em que comecei a trabalhar na casa da Dona Guiomar e do Seu Nonato, percebi que Laércio era um bom rapaz e um filho carinhoso. Assim que concluiu o colegial, já entrou na faculdade de Direito. Seria advogado para realizar o sonho do Seu Nonato, empresário que queria ser doutor das leis.

Laércio sempre foi muito gentil comigo. E eu, querendo manter meu emprego, fui profissional, séria. Toda vez que me via, puxava assunto, queria saber mais a meu respeito. Quando um pensamento escapava da vigilância do meu bom senso e me alertava que aquela gentileza podia esconder um interesse dele por mim, expulsava ideias românticas. Sabia qual era a minha posição social e minha função naquela casa. Romance entre patrão e empregada só era possível nas novelas. Na vida real, era irreal.

Tentava esconder, porém estava apaixonada por Laércio. Ficava com raiva de mim mesma por permitir sonhar em namorar o filho da dona da casa. "Vê se te enxerga, Estela!". Era isso que minha razão me falava. Só que o coração gritava outra coisa. "Você gosta do Laércio. Não para de pensar nele." A guerra entre razão e emoção durou algum tempo. Pensei até em pedir demissão para pôr fim àquela tortura. Não estava aguentando mais.

A frase "O coração tem razões que a própria razão desconhece" define o momento que estava atravessando. A lógica era me afastar daquela situação. Entretanto, quem disse que meu coração era obediente? Permaneci na casa só para ficar perto de Laércio.

Nunca vou me esquecer da tarde em que ele foi até a cozinha e pediu para ir até a sala porque tinha algo sério para falar comigo. Trêmula, terminei de lavar a louça e foi ver o que queria.

— Pode se sentar, Estela.

— Eu tô bem assim, senhor Láercio.

— Você já deve imaginar o motivo da nossa conversa.

— Acho que sim. Mas não fui eu que manchei sua camisa azul clara. Tentei de tudo pra tirar aquela mancha, mas não saiu.

— Estela, não é nada disso. Eu a chamei até aqui porque não dá mais para a gente continuar fingindo que não tem nada acontecendo entre a gente. Sei que é inteligente. Já deve ter percebido que eu tô caidinho por você. E tenho certeza de que também tá gostando de mim.

Fiquei muda. Parece que tudo ao redor ficou escuro. Tive que me sentar para não desmaiar.

— Você tá bem, Estela? Quer que eu pegue um copo d'água?

— Eu tô bem. Minha pressão deve ter baixado.

— Me perdoe, não queria ter assustado você! É que achei...

— Senhor Laércio! Perdão! Laércio! Não vou mentir. Acho você um pão. Você me trata com respeito, com carinho. Também andei confundindo as coisas. Mas vamos ser realistas. Eu sou a empregada e você é o patrão. Empregadas não namoram patrões.

— Quem disse isso? Se estou apaixonado por você e você por mim, o que pode nos impedir?

— O dinheiro, Laércio. Já pensou me apresentando para seus colegas de faculdade? "Oi, gente, essa aqui é a Estela, minha namorada. Ela é faxineira lá em casa."

— Quem tinha que ter essa preocupação era eu. E estou disposto a apresentá-la pra todo mundo.

— Até pro Seu Nonato?

Dessa vez quem ficou sem ação foi Laércio.

— Seu pai é gente boa, mas duvido que ele aceitaria essa situação.

— Ele não precisa saber agora.

— Não sou mulher de fazer nada escondido. Não faço nada errado. Assumo tudo que faço.

— A gente começa a namorar e, quando a coisa ficar séria, falo pra ele. Meu pai adora você.

— Me adora como empregada, não como namorada do filho dele.

— Vamos tentar, Estela! Não estou conseguindo mais ficar longe de você!

Naquele momento a razão foi derrotada por W.O. Abracei Laércio e dei-lhe um beijo apaixonado. Começamos um namoro típico de telenovela.

Ao contrário do que imaginava, minha rotina na casa continuava a mesma. Seu Nonato e dona Guiomar continuavam a me tratar da mesma maneira. Laércio continuava sendo gentil comigo.

Depois de alguns meses do começo do namoro, notei que Laércio estava mais calado, parecendo preocupado. Sempre que perguntava o que era, dizia que a faculdade estava muito difícil. Sabia que estava me escondendo algo.

Uma noite ele bateu na porta do meu quarto. Assustada, fui atender. Laércio estava bêbado. Chorava muito. Queria entrar no quarto. Claro que não permiti. Naquela época isso era inimaginável: o namorado entrar no quarto de uma moça respeitável. Quanta coisa mudou de lá pra cá!

— Eu não presto! Você merece alguém melhor que eu - dizia, aos prantos.

— O que aconteceu, Laércio? Por que está assim?

— Eu sou um canalha! Não mereço o seu amor.

Uma conversa típica de um dramalhão mexicano.

— Meu pai tem me levado na zona toda semana. Ele quer que eu seja um homem experiente com as mulheres. Não consigo dizer não pra ele. Mas juro que não acontece nada, nadinha.

Fiquei chocada. Embora soubesse que na cultura da época era comum os pais levarem os filhos para iniciarem sua vida sexual com prostitutas, não esperava esse comportamento do Seu Nonato.

— Eu não tenho coragem de traí-la. Entro no quarto com a menina, mas não acontece nada. Dou dinheiro a mais pra ela não contar pro meu pai que não aconteceu nada. Não quero mais essa vida. Não aguento mais essa hipocrisia.

Pedi que se acalmasse e disse que conversaríamos melhor de manhã. Ele saiu, trôpego e foi para o quarto dele. Não consegui dormir mais naquela noite.

Na manhã seguinte, conversamos. Acreditei em cada palavra de Laércio. Ele sempre me pareceu um garoto honesto. Continuamos o namoro. Por mais seis meses. Até descobrir que ele estava namorando uma garota, filha de um grande amigo do Seu Nonato. A garota perfeita: rica, bonita e submissa. Foi minha primeira decepção com os homens. A primeira vez que fui traída. Infelizmente, não foi a última.

Terminei o namoro. Pedi demissão e saí daquela casa. Ainda me lembro do abraço cheio de ternura que recebi da dona Guiomar. Ela estava triste com aquela situação. Desejou-me sorte e que nunca deixasse de ser uma pessoa íntegra. Tenho levado aquele conselho a sério. Mesmo nas situações mais desesperadoras, mantenho minha integridade. Deixei aquele lar com o coração partido, porém com a certeza de que encontraria alguém melhor.

Fui morar temporariamente com Adélia, minha melhor amiga, e com a mãe dela, dona Ivone. Sentia-me como se fosse da família. Arrumei um emprego como babá de uma menina que morava perto da casa da Adélia.

Apesar de pobres, Adélia e eu nos divertíamos muito. Tudo virava piada. Até mesmo, ou principalmente, nossas dificuldades. Adélia trabalhava como caixa em supermercado, e sonhava ser atriz. Dona Ivone era viúva e recebia uma parca aposentadoria do falecido marido.

Nossa diversão aos finais de semana era um salão de bailes que tinha no bairro. O local tinha fama de ser visitado por meninas de família, seja lá o que isso quer dizer. Dona Ivone só permitia que nós fôssemos desde que voltássemos para casa antes das dez da noite.

O salão era tranquilo, frequentado por jovens sem muito dinheiro, que moravam na periferia e não aguentavam mais ficar em casa. Um sábado à noite, enquanto conversava com algumas amigas e comíamos uma banana *split*, cujo valor seria rateado por cinco pessoas, Adélia me apresentou um amigo.

— Estela, esse aqui é o fulano (optei por fulano para não escrever nenhuma palavra de baixo calão).

Adélia cochichou: "Ele a achou muito bonita".

Não dei bola.

— Oi, fulano, tudo bem? Quer banana *split*? Se quiser, a gente divide a conta por seis.

Ele riu, sem graça. Continuei o papo animado com minhas amigas. Voltando para casa com Adélia soube que ficou triste porque não conversei muito com ele.

No dia seguinte, o fulano foi até a casa de Adélia me convidar para ir à única lanchonete do bairro.

— Pago uma banana *split* só pra você!

Aceitei a oferta. Saí com ele e com Adélia que, para minha sorte, detesta banana *split*.

A conversa foi melhor do que imaginava. Embora tímido, o fulano era agradável. Rapaz trabalhador, cuidava da mãe viúva e dos irmãos mais novos. Trabalhava durante o dia e fazia faculdade à noite.

Continuamos nos vendo. Até que me pediu em namoro.

— Não. Desculpe-me! Não quero saber de homem nenhum!

— De homem nenhum? Você é sapa...

— Claro que não! Gosto de homem. Mas não confio em nenhum.

Contei sobre meu namoro com Laércio. Claro que o fulano me prometeu que com ele tudo seria diferente. Depois de muita insistência e, incentivada pela minha carência, aceitei o pedido de namoro.

A mãe do fulano não era uma pessoa fácil de lidar. Na verdade, era insuportável. Temperamento forte, dominadora, manipuladora, fazia chantagem emocional com os filhos. Sempre me tratou mal, chamava-me de "Charmuta"; descobri mais tarde não se tratar de um elogio, pelo contrário. Ela ficava *charmuta* da vida porque percebia que seu filho estava apaixonado por mim.

Fez de tudo para destruir nosso namoro. Exigiu que o fulano comprasse uma casa para ela. Se não comprasse, faria um inferno na vida dele. E ninguém tinha dúvida de que sabia como infernizar a vida das pessoas.

Minha ex-sogra queria que o fulano, filho dela, ficasse solteiro para sempre para cuidar dela. Não é justo! Além do fato óbvio de que toda pessoa deve viver a própria vida, ela tinha outros seis filhos além do fulano.

Sabia que minha convivência com ela não seria fácil. De fato, não foi. Ríspida e arrogante, tratava-me como se fosse uma adversária. E eu, mesmo com meu temperamento forte e sem ter papas na língua, nunca fui desrespeitosa com ela. Nunca. E olha que ela merecia ouvir malcriações. Tratei-a com respeito, não como ela merecia, porém como eu gostaria que alguém tratasse minha mãe.

Certo dia, com o rosto vermelho e triste, fulano chegou a minha casa.

— O que você tem? Por que seu rosto está assim?

— Não foi nada.

— Como não foi nada! Isso aqui no seu rosto é marca de tapa. Você andou brigando na rua?

— Claro que não!

— Então me conta o que aconteceu!

— Foi... minha mãe.

— O quê? Sua mãe bateu em você?

Envergonhado, ele fez que sim com a cabeça.

— Isso não pode acontecer! Como uma mulher bate na cara de um homem? E você, como permite um absurdo desses?

— Ela ficou nervosa e perdeu o controle.

— Sua mãe passou dos limites. E você não pode deixá-la tratá-lo assim! Ninguém deve bater na cara de um homem.

Humilhado, ele concordou comigo.

— Por que ela fez isso?

— Ela anda uma pilha de nervos com uns problemas...

— Sei bem qual é o problema dela. O problema dela se chama Estela. Eu sou o problema dela. Ela não quer que a gente se case. Não quer que você se distancie da barra da saia dela. Não quer que seja feliz. Não quer vê-lo livre.

— Minha mãe não é má pessoa.

— Sei...

— Ela se descontrolou.

— Você não pode deixar que isso aconteça novamente.

— Você tem razão.

Naquele dia tive pena dele. E tive a confirmação de como minha sogra era difícil e de como deveria tomar cuidado com ela.

Decidi fazer algo que o surpreendeu.

— Você quer se casar comigo?

— O quê?

— Isso mesmo que ouviu! Você quer se casar comigo?

Pedi o fulano em casamento, contrariando as convenções da época.

— Claro que quero! Mas não podemos nos casar agora.

— Por que não? A gente não se gosta? O que impede a gente de se casar? Você trabalha e tem como sustentar uma família. Já não sustenta sua mãe e seus irmãos?

O rosto dele começou a se modificar. Estava esboçando algo parecido com um sorriso. Parecia que estava entrando em transe.

— Que cara é essa? Você tá passando bem? – assustada, indaguei.

— Estou tendo uma grande ideia.

— Fale logo!

— Minha mãe é contra a gente se casar agora, certo?

— Sim. Ela já deixou isso claro para todo mundo.

— Só tem uma coisa que faria minha mãe mudar de ideia?

— Fale qual seu plano milagroso.

— Você engravidar.

— O quê? Você está maluco? Agora quem vai bater na sua cara sou eu!

— Calma, Estela! Saber que está esperando um filho meu faria minha mãe entender que a situação mudou, que nosso casamento é urgente.

— Ela já me acha uma desclassificada. Se eu engravidar antes de a gente se casar, aí que ela vai ter uma impressão ruim de mim. Pode tirar seu cavalinho da chuva. Sou uma moça decente, de família. Acho que o tapa que levou da sua mãe afetou seu juízo. Que ideia mais absurda!

— No começo ela vai estranhar, mas depois vai ter que se acostumar. Ela sabe que eu não teria outra atitude a tomar que não fosse casar e assumir meu filho.

O fato da mãe dele não gostar da ideia foi o que mais me agradou na sugestão do meu ex.

Fiquei relutante. Não queria ficar mal falada pelos vizinhos. A sociedade era cruel com moças que engravidavam antes ou fora do casamento.

Mãe solteira era um estigma que marcava a vida de uma mulher para sempre. Eu já havia sofrido muito, apesar de jovem, para correr o risco de ser encarada como uma aventureira.

"Eu amo você!" - ele me dizia. "E sei que você também me ama. Você conhece minha índole e meu caráter. Jamais deixaria você ficar malvista pelas pessoas. E tem outra coisa: ninguém tem nada a ver com nossa vida. Você só deve satisfação a mim. E só devo satisfação pra você.

— Pra mim e pra sua mãe.

— Você entendeu o que quis dizer.

Fiquei assustada com a proposta dele. Ao mesmo tempo, senti o quanto estava disposto a lutar para ficar comigo. Foi a maneira que encontrou para se casar, sem ter que enfrentar a mãe dele. Era uma forma de provar o quanto gostava de mim. E o quanto tinha respeito e medo da mãe dele.

Ele me convenceu de que a ordem dos fatores não alteraria o produto. A ideia de primeiro engravidar para depois casar era um escândalo, um tabu naquela época. Não me senti à vontade com aquela atitude, mas me pareceu a melhor coisa a fazer naquele momento. Cedi aos argumentos dele e aos apelos eloquentes dos hormônios da juventude.

Naquela noite mesmo começamos a colocar nosso plano em prática. Se é que me entende!

Capítulo 3

Grávida! Como assim? Como isso aconteceu?

— Você já é bem grandinha pra saber como uma mulher fica grávida...

Esse foi o começo da conversa com uma amiga quando contei a novidade a ela.

— De quanto tempo?

— 10 semanas.

— E agora?

— E agora o bebê vai crescer na minha barriga até chegar a hora dele, ou dela, nascer.

— Eu sei. Quero dizer e agora vocês vão se casar?

— Claro que sim! Tenho cara de quem vai ser mãe solteira? - demonstrando minha indignação e meu preconceito enraizado.

Não engravidei tão rapidamente quanto eu e

meu ex havíamos imaginado. Todo mês ficávamos ansiosos e decepcionados ao mesmo tempo, quando contava que não estava grávida.

Nosso desânimo se convertia em resiliência e continuávamos persistindo. Nunca vi um rapaz tão persistente como meu ex naquela época. Demorou cinco meses. Cinco longos meses para eu engravidar desde o momento que começamos a tentar.

— Estela, você está grávida de oito semanas. Parabéns!

Quando o médico me disse essas palavras, senti uma avalanche de sensações. Alegria, medo, apreensão, euforia, culpa, contentamento. Tudo junto e misturado.

Naquele mesmo dia meu ex foi na minha casa me ver.

— Você sabe que dia é hoje? - perguntei

— Sei. Terça-feira. Por quê?

— Não. O dia da semana, bocó! Dia do mês?

— 22. 22 de setembro. Esqueci alguma data especial?

— Hoje é o dia em que vai receber a notícia mais importante da sua vida.

— O que aconteceu, Estela? Fale logo!

— Você vai ser papai.

Aquela foi uma das raríssimas vezes que vi meu futuro ex realmente emocionado. Ele se curvou diante de mim, beijou minha barriga, beijou-me e me abraçou. Só faltou me jogar para cima de tanta felicidade.

— Vou ter que trabalhar mais ainda pra cuidar da nossa família.

No período da minha gravidez comecei a sentir que gostava muito do meu ex. Elaborei uma estratégia para contar para a mãe dele sobre a gravidez. Tínhamos que agir com sabedoria. Não era bom tê-la contra nós.

Incentivei o fulano a comprar uma casa para a mãe dele. Esse era o sonho dela. E só isso poderia fazer com que nos deixasse em paz.

— Mãe, tenho uma novidade pra contar para a senhora!

— Fale.

— Vou realizar seu maior sonho!

— Do que você está falando?

— Qual o seu maior sonho, mãe?

— Que meus filhos parem de ser ingratos comigo. Sacrifiquei minha vida toda para criar vocês.

— Mãe, qual seu maior sonho material?

— Deixe de besteira e conte logo o que aprontou.

— Não aprontei nada, mãe! Decidi comprar uma casa para a senhora.

Segundo meu ex, a mãe dele não esboçou nenhuma reação. Ficou alguns segundos em silêncio.

— Não faz mais que sua obrigação. Os filhos têm o dever de cuidar dos pais. Ainda mais eu, uma viúva idosa e com tantos filhos.

Definitivamente, a mulher não era uma pessoa fácil de lidar.

Passada a decepção inicial com a gélida reação da mãe, vi meu futuro marido procurar uma casa para comprar para ela. Depois de muita procura, encontrou no bairro em que ela morava uma casa grande, em um terreno maior ainda. O valor estava acima do que tinha. Porém, negociou o valor com o proprietário, fez um financiamento e comprou a casa.

Acompanhei o esforço para pagar as prestações. Trabalhou duro, sem gastar nada com ele. Vestia-se mal, com roupas gastas de tanto uso. Tudo para realizar o sonho da mãe.

Eu o orientava em tudo. Era uma verdadeira *coach*. Muito tempo antes do conceito ser criado e ter virado moda, quase uma epidemia em nossos dias. Dava conselhos, orientava e o ajudava a enxergar para onde a vida dele deveria caminhar.

— Compre a casa e só passe para o nome dela depois que a gente se casar.

— Por quê?

— Para sua mãe aprender a me respeitar.

— Como assim?

— Acha que eu vou impedi-lo de dar a casa pra ela.

— Quem te falou isso?

— O lugar onde vocês moram tem ouvidos. E sua mãe falou em alto e bom tom que era pra eu ficar sabendo.

— Isso é fofoca! Estão querendo envenenar você contra minha mãe.

— A especialista em veneno é ela. Ela precisa saber que sou uma mulher de palavra. Se falei que não quero aquela casa, ela tem que acreditar em mim. Eu deixei bem claro que você daria a casa para ela assim que ficasse pronta. A casa já é dela.

— Mas pra que tudo isso?

— Ou você faz assim ou esquece essa história de casamento.

Eu morava com meus irmãos e cuidava deles. E continuei cuidando. Porém, queria ter minha casa quando me casasse. Economizaríamos juntos tudo o que pudéssemos para que meu futuro marido fizesse a casa que já considerava da mãe dele. Mas tinha que provar para a mãe que eu era decente, que tinha palavra.

A mãe dele colocou todos os obstáculos possíveis para que não nos casássemos, mesmo estando grávida antes de dar a casa para ela. Porém, essa batalha ela perdeu. Casei-me com o fulano dois anos depois que nos conhecemos. E minha filha foi batizada no mesmo dia.

Não tive nada do que era comum em um casamento. Casamo-nos no cartório, com uma cerimônia rápida, simples e sem emoção. Era apenas uma formalidade legal. Depois que engravidei, moral e emocionalmente, já me sentia como legítima esposa daquele que viria a ser o pai dos meus filhos, meu futuro esposo e meu futuro ex-marido.

O começo do casamento foi difícil financeiramente falando. Meu ex-marido era funcionário de uma loja e ganhava pouco. Incentivei-o a pedir para ser demitido para, com o dinheiro da indenização, montar o próprio negócio. Ele relutou, contudo acabou seguindo meu conselho. Mais uma vez agi como coach financeiro e corporativo. Com meu apoio, minha insistência e algumas dicas, ele montou sua primeira loja.

Até hoje meu ex-marido é visto como uma raposa nos negócios. Todo mundo o considera um verdadeiro mestre nas negociações. Pouca gente sabe ou quer dar crédito a minha participação na formação dele como comerciante bem-sucedido.

Só eu e ele sabemos quantos conselhos meus, que contrariavam a lógica, acabaram se revelando acertados. Não que eu entenda de economia ou administração, mas sou esperta e rápida para perceber a intenção das pessoas e o potencial de algum negócio. Sempre foi difícil me passar para trás. Como dizia minha mãe: "enquanto você está indo com a farinha, eu já estou voltando com o bolo pronto."

Sempre fui sagaz, difícil de ser enganada. Pelo menos nos negócios, já que na vida amorosa descobri que não era tão esperta assim.

Depois que meu ex pagou a última prestação da casa, pediu que a mãe fosse até a nossa casa para conversar com ela.

O fulano foi ao cartório e pediu a um tabelião para tratar do trâmite para passar o imóvel para o nome da mãe dele.

— O que está acontecendo aqui? Quem é esse homem? – indagou minha sogra assim que chegou à minúscula casa que eu dividia com meu marido, meu filho e meus irmãos.

— Mãe, esse é o tabelião. Ele trabalha no cartório - explicou meu marido.

— E por que ele está aqui?

— Eu trouxe ele aqui para a senhora assinar documentos.

— Que documentos? Não vou assinar nada. Não tente me enrolar.

— Mãe, pare de ser desconfiada.

— Dona Alda, seu filho e eu chamamos a senhora aqui para entregar a escritura da sua casa. A partir de hoje, a casa onde a senhora mora é sua de verdade.

Pela primeira vez vi um sorriso no rosto daquela mulher. Ela se levantou, abraçou-me e a seu filho.

— A senhora achava que, quando ele acabasse de quitar as prestações, eu ia querer a casa? Sou uma mulher de palavra. Jamais ia descumprir o que havia combinado com seu filho.

— Eu achava que você ia fazer a cabeça do meu filho contra mim, porque toda mulher quer jogar o filho contra a mãe.

— Mas sou diferente. Eu tenho princípios. Só não

deixei ele passar a casa antes para o nome da senhora pra provar que cumpro com o que prometo.

Daquele dia em diante deixei claro para ela quem eu era. Depois daquele dia, ela ainda testou meu caráter e minha paciência diversas vezes. Nunca faltei com o respeito. Nunca! E olha que tenho pavio curto. Curtíssimo. Mas nunca a ofendi de forma alguma. Não sei de onde tirava tanta paciência para lidar com alguém cujo temperamento era complicado demais.

Muitas vezes me perguntava: "O que aconteceu na vida dessa mulher para ser tão brava assim?"

Quando estava no leito de morte, décadas depois, ela me disse.

— Estela, eu devo desculpas a você. Sempre fui uma sogra ruim e você nunca me maltratou. Nem meus filhos me trataram com tanto carinho como você. Me perdoe por tudo que te fiz! Meu filho não poderia ter encontrado mulher mais correta. Você ajudou meu filho a se tornar o homem que é hoje.

No final da vida, veio o reconhecimento da pessoa mais difícil com quem convivi até hoje. E foi bom saber que eu a tratei não como merecia mas como eu achava que a mãe do homem que amava merecia ser tratada, com respeito e não com vingança.

Lembro-me da minha minúscula casa abarrotada de caixas de antenas de TV. A casa estava tão cheia a ponto de mal conseguirmos transitar pelos cômodos. Minha sala ficava cheia de sucatas de antenas que seriam transformadas em novas e colocadas nas embalagens.

Eu gastava horas e perdia calorias limpando as antenas com Bombril. Meus irmãos também participaram da operação Limpa-Antena, que durou meses. Minha casa se transformou em um verdadeiro depósito de sucatas em forma de plataforma sobre a qual estávamos lançando nosso sonho de uma vida melhor. Todo o esforço valeu a pena. Progredimos financeiramente.

Com minha ajuda e o inegável tino comercial do meu ex-marido, a loja foi um sucesso. Tempos depois, já eram duas, três, quatro, cinco. Chegamos a ter sete lojas, com produtos excelentes de venda.

Vivíamos felizes. Tínhamos dois filhos pequenos. A primeira ainda pegou a época das vacas magras; o segundo, viu as vacas mais obesas. Diz o velho clichê que dinheiro não traz felicidade. Realmente ter uma conta bancária recheada não elimina os problemas da vida. Os conflitos, as desavenças, as brigas, as decepções e as angústias continuam existindo. Mas seria hipocrisia não reconhecer que ter boa condição financeira não seja algo positivo. Decidi usar parte do nosso dinheiro para aliviar o sofrimento dos outros.

Falar em sofrimento trouxe-me uma recordação. Tempo antes de confrontar meu ex-marido com a gravação dele conversando com a *franga*, estávamos caminhando, hábito que mantivemos durante um longo período. Notei que ele estava calado, pensativo.

— Você está muito quieto? Tá tudo bem?

— Tá.

— Tá nada! Eu te conheço. Algum problema nas lojas?

— Não. Tá tudo normal por lá.

— Então conta logo! Por que tá com essa cara?

Ele passou a me contar o que acontecia na loja na minha ausência.

— É comum os fornecedores agradarem os compradores. Eles vivem levando *books* com fotos de prostitutas. Sempre querem marcar uma noitada com as meninas. Eu olho as fotos, dou risada, me faço de desentendido e saio pela tangente. Hoje descobri que um fornecedor antigo, que trabalha com a gente desde o começo, separou-se da mulher.

— E você tá arrasado por isso?

— Não foi uma simples separação. Ele conheceu uma menina que tem a mesma idade da filha dele, se apaixonou por ela e largou a mulher com a qual era casado há mais de vinte anos. Quando se casaram, ele era um pé rapado. Ela comeu o pão que o diabo amassou para ajudá-lo a vencer na vida. E agora, ele troca a mulher da vida toda por uma... aventureira. A mulher está abandonada, morando de favor na casa da irmã. Ele não a ajudou em nada. Como tem bons advogados, ainda não foi decidida a questão da partilha dos bens. Isso é um absurdo! Largar a mulher que o ajudou a conquistar tudo o que tem e não ajudar em nada. Estou revoltado! Nunca trocaria minha família por um rabo de saia. Jamais faria isso! Jamais!

Ele me pareceu realmente abalado. Fiquei surpresa com a indignação dele. Nesse dia tive a sensação de que tinha escolhido o homem certo para minha vida. O mais irônico é que aquela conversa foi quase uma profecia autorrealizadora do que aconteceria no nosso casamento.

Descobri que ele me traía com a *franga* há mais de vinte anos. Duas décadas sendo feito de boba por uma desclassificada. Duas décadas ouvindo mentiras e desculpas esfarrapadas, deitando-me com alguém capaz de dividir a cama com outra pessoa. Duas décadas vivendo a ilusão de um casamento perfeito: meu marido era diferente dos outros homens. Duas décadas amando um adúltero e um homem que eu não sabia quem era. Duas décadas sendo traída. Duas décadas vivendo a fantasia de que eu era suficiente para ele, de que era fiel. Duas décadas sendo enganada: um homem com duas caras e duas mulheres. Um traiçoeiro ao meu lado. Enfim, duas décadas... Vinte anos... 1042 semanas... 7.300 dias acordando e dando bom dia para alguém que saía de casa para me trair.

Estava disposta a perdoar uma traição. Fui criada aceitando que homem era assim mesmo, todo marido pulava a cerca. Seria tolice terminar um sólido casamento por causa de uma "escapada".

Todas as minhas amigas já haviam sido traídas e continuavam casadas. Eram resignadas e apaixonadas. Mais resignadas que apaixonadas - comentavam: "Você acha mesmo que vou largar meu marido por causa de uma escapulida dele? Jamais! O que interessa é que somos casados há muitos anos".

As aparências enganam. E as enganadas faziam questão de manter as aparências da família perfeita. Era melhor ser traída que divorciada: "Se toda mulher fosse se separar do marido ao descobrir que se enrabichou com uma sirigaita, não haveria mais ninguém casado no mundo".

Esse era o discurso das minhas amigas. Aceitavam a traição como algo inevitável, uma gripe forte que vem, derruba a pessoa e vai embora. O adultério era uma chuva de verão. Fazia certo estrago, mas durava pouco. Logo o sol do casamento feliz (de fachada) voltaria a brilhar.

Era melhor ser passada para trás pelo marido que não ter marido. E a frase mais usada pelas mulheres, passada de mãe para filha, de geração para geração e que resumia o pensamento da sociedade: "Homem é assim mesmo. Ruim com ele, pior sem ele. Minha mãe vivia repetindo essas frases às vizinhas do nosso quintal".

Homem é assim mesmo. Essas quatro palavras serviam de atenuante e de explicação para toda a sorte de desrespeito dos maridos com suas esposas, de salvo-conduto para que os homens fizessem o que bem entendiam ser dar explicações e sem maiores consequências. Atire a primeira pedra a mulher da minha geração que nunca ouviu e reproduziu esse resumo da pior espécie de machismo.

Se homem é assim mesmo, resumia o comportamento cafajeste de boa parte do mundo masculino, mulher é assim mesmo explicava a tendência feminina em desculpar o adultério dos esposos. Os papéis eram definidos: o homem trai, a mulher perdoa e todo mundo finge que vive o casamento perfeito.

Até eu pensava assim. É vergonhoso admitir isso, contudo sempre achei que os homens eram fracos por isso, quando o homem pulava a cerca, era uma falta que deveria ser perdoada pelas passivas mulheres da minha geração. Era um pecado venial, não mortal.

O pior de tudo vou confessar agora: já havia descoberto que meu ex havia tido um caso com uma mulher. Brigamos, ameacei deixá-lo, me fiz de difícil; depois de um tempo, perdoei-lhe. Dei apenas um cartão amarelo. Deveria ter dado o cartão vermelho e o expulsado de vez da minha vida.

Achei que com meu nobre gesto de perdoar sua traição, ele havia aprendido a lição. Acreditei que tudo estava resolvido. Como fui ingênua! Não tinha nada resolvido. Descobri que não teve caso com outra. Teve e continuou tendo caso com a mesma mulher. Desde sempre a outra foi a mesma: a *franga*.

Aquilo não podia ficar assim. Precisava falar com a *franga*. E fui.

Capítulo 4

ão nasci para ser dona de casa. Ocupava meu tempo ajudando a quem pudesse. Cuidava dos meus filhos e ajudava minha família, a do meu ex e quem mais estivesse ao meu alcance. Trabalhava nas lojas do meu ex, que também eram minhas, todavia nunca me identifiquei com aquele universo.

Resolvi abrir um restaurante em sociedade com uma irmã, que cozinhava bem. Ela fazia a comida e eu cuidava da parte administrativa. O restaurante ficava numa região movimentada do centro da cidade. Não demorou para que o tempero da nossa cozinha conquistasse quem trabalhava ou morava ao redor do nosso estabelecimento. O boca a boca foi nossa melhor propaganda.

Chamamos um irmão para nos ajudar. Estava precisando mesmo. Tanto que não conseguia pagar as parcelas do consórcio de um carro. Meu irmão já havia sido contemplado com o carro. Prestes a perder tudo o que pagara, sugeri que falasse com meu ex-marido. Ele vivia comprando as cotas de consórcio de quem não estava conseguindo pagar. Meu ex-marido ajudou meu irmão e fez bom negócio ao assumir o consórcio do veículo.

Tempos depois, cuidando da correspondência do restaurante, percebi uma multa de trânsito, a qual estava no nome do meu irmão e era referente ao mesmo carro que vendera ao meu ex-marido. Curiosa, conferi a data da infração. Estranhei. A data da multa era posterior à venda do veículo. O carro já não era mais do meu irmão. Meu ex-marido havia comprado o carro e o vendido. Pelo menos isso que me dissera. Se o carro não era mais do meu irmão, por que ainda aparecia no nome dele?

Imbuída do espírito de Sherlock Holmes, continuei investigando. Algo havia chamado a minha atenção. O endereço onde o carro foi multado por estacionar em local proibido era familiar: o consultório do nosso dentista. Coincidência? O carro que não pertencia mais ao meu irmão ser multado em frente ao meu dentista e a multa chegar ao meu restaurante?

Tinha algo errado na história. Agora eu precisava desvendar o mistério. Guardei a multa de trânsito na minha bolsa. Resolvi que tiraria a história a limpo quando chegasse a minha casa. Com certeza, haveria uma explicação plausível.

Durante o trajeto do restaurante até minha casa, fui aconselhando a mim mesma: "Calma, Estela! Não tire conclusões precipitadas. Você decidiu perdoar a seu ex-marido daquele momento de fraqueza em que a traiu com aquela *franga*. Não adianta continuar o casamento e viver desconfiando de tudo. Deve ser algum mal-entendido do Departamento de Trânsito. Sabe como é o Brasil, né? Devem ter se enganado. Não crie barraco.

Não condene seu marido antecipadamente. Se decidiu perdoar-lhe, tem que ser para valer. Acreditou que o caso com a *franga* foi algo passageiro, sem nenhuma importância. Fraqueza de homem de meia-idade. Ele prometeu mudar e você lhe concedeu um voto de confiança. Pare de fantasiar achando que tem amante. Seria absurdo da parte dele. É um comerciante, não um ator. Seria incapaz de fingir tão bem que é um marido arrependido do vacilo com a outra.

Ponha-se no lugar dele. Imagine receber nova oportunidade e a todo instante alguém colocar em xeque sua conduta. Errar é humano. Todos erram. Ele errou, pediu perdão e prometeu mudar. Duvido de que colocaria novamente em risco um casamento feliz de tantos anos. Tenha convicção de que pensa nos filhos e em como um novo adultério destruiria para sempre a família. Não há rabo de saia que o faria trocar o lar por uma aventura qualquer. Tenha certeza de que aprendera a lição. Um raio não cai duas vezes no mesmo lugar. Não! Deixe de ser paranoica, Estela! É só uma multa.

Quer saber de uma coisa? Não sei nem se vale a pena tocar nesse assunto. Vai incomodar seu marido depois de um dia cansativo de trabalho. Deixe pra lá! Amanhã peça para alguém levar a multa na loja dele. Diz que foi para o restaurante por engano. Pare de se preocupar com tudo. Não faça tempestade em um copo d'água.

Já sei! Tive uma ideia melhor: Por que você mesma não paga a multa? Ele nem precisa saber da infração. O que vale mais: a multa ou a paz do seu casamento?

Boa ideia, Estela! Ninguém permanece casado se não relevar algumas coisas. Não deixe o Departamento de Trânsito atrapalhar seu casamento. Pronto! Decidido. Não toque no assunto. Chegue a sua casa e se comporte como se nada tivesse acontecido. Até porque, provavelmente, nada demais aconteceu".

Depois desse intenso diálogo interior, cheguei a minha casa. Meu ex-marido já estava lá. Ele perguntou se estava tudo bem, que eu estava com uma cara estranha. Todo o diálogo interno que tive comigo foi em vão. Desobedeci ao acordo feito comigo mesma e disse a ele.

— Chegou essa multa no restaurante. Tem alguma coisa errada acontecendo. Você me deve uma explicação.

Mostrei a multa para ele. Lívido, pálido, lúrido, esquálido, sem cor. Todos os sinônimos que definem alguém que perdeu o chão se aplicam a ele. Achei até que fosse desmaiar. Permaneceu mudo.

— Não comprou esse carro do meu irmão? Você foi ao nosso dentista com esse carro? Nunca estaciona em lugar proibido? Não estou entendendo nada. Tem alguma coisa errada!

Passado o choque que o deixou paralisado por alguns instantes, ele reagiu.

— Teve um dia lá na loja que alguém começou a sentir muita dor de dente e precisava ir urgente a um dentista. Fiquei com dó e emprestei o carro que estava parado lá no estacionamento da loja. Nem sei em que dentista a pessoa foi. Fique tranquila! Venderei o carro. Assim que eu me lembrar quem pediu o carro emprestado, cobrarei o valor da multa.

Se já não existisse há muito tempo, a expressão "desculpa esfarrapada" merecia ser criada a partir da explicação sem pé nem cabeça, só com dente, que meu ex-marido acabara de inventar às pressas.

— Ah, tá, entendi. Então paga logo essa multa e avisa meu irmão. Não vai prejudicar o coitado que não tem nada a ver com isso.

Mantive o autocontrole e não tive acesso de fúria que aquela explicação incoerente e cínica provocou em mim. Fingi que tinha acreditado naquela história estapafúrdia. De tanto conviver com um ator, estava aprendendo a arte de representar. Me fiz de sonsa. Aparentemente aquele assunto estava encerrado. Como ele mesmo estava me ensinando, as aparências enganam. E muito.

Eu precisava agir com sabedoria. Precisava pensar em qual seria meu próximo passo. Não podia proceder de forma impulsiva e pôr tudo a perder. Tinha que definir qual seria minha estratégia. Decidi que meu lado Sherlock continuaria em ação. Prosseguiria investigando a história, mesmo pressentindo que estava prestes a descobrir aquilo que seria a pá de cal sobre o meu casamento. Não podia fingir por muito tempo que tudo estava bem. Até porque, no meu casamento, o especialista em fingimento não era eu.

No dia seguinte, esperei meu ex sair de casa, liguei para o restaurante avisando que não tinha hora para chegar e saí de casa. Fui ao consultório do dentista que cuidava da minha família. Nenê, a secretária, ficou feliz em me ver.

— Estela, quanto tempo! O doutor Gaspar outro dia perguntou de você e de seus filhos.

— Você sabe como a vida da gente é corrida, Nenê. Não sobra tempo pra nada. Nem para aqueles assuntos que realmente são importantes.

— Eu sei. Mas hoje acho que o doutor Gaspar não vai conseguir atendê-la. Ontem acabou a energia e hoje ele vai tentar encaixar os pacientes que estavam marcados para ontem. Você devia ter ligado antes.

— Mas eu não vim passar com o doutor Gaspar hoje. Vim para tirar uma dúvida. Faz um tempinho mandei uma sobrinha passar aqui com o doutor Gaspar. Ela queria fazer um tratamento. Falei várias vezes pra vir aqui, mas é teimosa. Queria saber se ela já veio.

— Como é o nome dela?

Falei o nome de batismo da *franga*.

— Deixe eu lembrar... Ah, veio sim! Agora me lembrei quem é. É uma moça bem simpática.

— Super simpática. Ela faz amizade fácil.

— Ela é uma graça! Inclusive acho que foi multada. Eu avisei pra ela que era proibido parar aqui na frente. Tem que parar no estacionamento que tem convênio com nosso consultório.

— Que bom que ela veio! Precisa cuidar da boca. Mas agora deixe-me ir porque tenho um assunto importantíssimo para resolver.

— E quando vem pra cuidar de você?

— Logo, logo! Semana que vem ligo pra marcar.

— Então, tá! Manda um beijo pra sua sobrinha.

— Vou mandar, sim. Pode ter certeza.

Saí de lá com a confirmação da minha desconfiança: meu ex-marido nunca largou a *franga*. O tempo todo mentiu. Fingiu arrependimento, contudo continuou se encontrando e sustentando aquela galinácea.

Entrei no carro disposta a resolver a situação.

Fiquei horas no carro pensando no que fazer. Não sei quantas horas fiquei. Mas deve ter sido muito tempo. Já estava começando a anoitecer.

Furiosa, dirigi em altíssima velocidade. Meu ex-marido teria outra multa de trânsito para pagar. Já sabia onde iria e o que faria: na casa da *franga* para um acerto de contas.

A *franga* trabalhava em uma das lojas do meu ex-marido. Era uma funcionária antiga. Os outros funcionários começaram a desconfiar de que havia algo estranho acontecendo. Ela começou a andar mais arrumada, com roupas de grife, bolsas caras. A ostentação não combinava com o baixo salário que recebia.

Todos sabiam que aquilo só poderia ser fruto de um patrocinador. Um financiador apaixonado. O que ninguém imaginava era que o patrão era o homem que bancava aquele luxo exagerado.

Eu sabia quem ela era e onde morava. Era vizinha de uma conhecida. Nem sei como cheguei até lá. A sensação que tenho é que fui a jato. As mãos no volante, mas a cabeça na *franga*.

Irada, triste, magoada, traída pela segunda vez, decepcionada, cega de ódio, envergonhada, diminuída, revoltada, menosprezada, burra, dilacerada, com sede de vingança. Assim estava me sentindo.

Chegou a hora dela experimentar o que uma mulher humilhada é capaz de fazer. Tinha mexido com a mulher errada. A destruidora de lares seria destruída.

Fui à casa da minha conhecida. Apertei a campainha. Ninguém me atendeu. Queria ter a certeza da casa onde a *franga* morava. Procurei nas garagens e não vi o carro que ela havia ganhado de presente. Havia uma garagem com carro sob uma capa. Toquei a campainha. Uma senhora atendeu.

— Pois não!

— Boa noite! Eu vou morar na rua de trás por uns meses e gostaria de saber se a senhora sabe onde posso alugar uma vaga para eu deixar o meu carro.

— Minha filha, você deu azar. Eu tentei alugar essa vaga por mais de três anos. E há uns 15 dias uma vizinha alugou.

— Ah, então esse carro não é da senhora?

— Não. Desde que meu marido morreu, não temos mais carro. É da moça que mora naquela casa do portão azul. Ela comprou esse carro e não tinha onde guardar. Ela é cuidadosa. Você viu que põe até capa?

— Que pena! Vou procurar outra vaga.

— Desculpe não poder ajudar!

— A senhora me ajudou mais do que imagina.

Entrei no meu carro e fui à casa do portão azul. Pela janela, vi que a luz da sala estava acesa. Era hora de agir.

Em frente a casa, comecei a buzinar alucinadamente. A estratégia funcionou. A *franga* apareceu na janela; depois, abriu a porta para ver o que estava acontecendo.

— Dona Estela, o que a senhora tá fazendo aqui? Aconteceu alguma coisa?

— Ainda não. Preciso falar com você. Você pode entrar no carro pra gente conversar um pouco?

Ela entrou no carro. Travei as portas. Assim não conseguiria abrir. Só se eu abrisse.

— Vamos dar uma volta.

— Não posso, dona Estela. Minha mãe precisa sair. E eu vou ficar com meu filho.

— Vamos dar uma volta. E vai demorar pra voltar. Se é que vai voltar.

Terminei de falar e arranquei cantando pneu.

Deixei para contar agora a parte mais triste, constrangedora e absurda da história. Tenho 7 irmãos. Três mulheres e 4 homens. Contarei mais sobre eles em outro momento. Por agora, basta saber que sempre fomos unidos. Vivi por eles, principalmente pelos meninos. Meu xodó era o caçula, o que mais dependia de mim. A vida toda senti por ele, além do amor fraternal, um amor maternal. Como se fosse a mãe do meu irmão.

Meu irmão era casado. Adorava minha cunhada. Mulher batalhadora, sofrida, firme, fiel. Via nela muitas características semelhantes as minhas. Eles tinham dois filhos lindos. Era uma família que transmitia felicidade.

Certa noite minha cunhada me procurou: "Estela, estou desesperada! Tenho certeza de que seu irmão está me traindo".

Não podia ser. Meu irmão era apaixonado pela esposa.

— Você tem certeza do que tá falando? Meu irmão adora você e os filhos.

— Ele tá diferente, tá estranho. Chega tarde toda noite, está distante, frio comigo. Não é mais o mesmo homem com quem me casei.

— Você já conversou com ele?

— Ele nega, diz que tô louca, imaginando coisas. Mas eu sei do que tô falando. Mulher sente quando o homem tem outra.

— Vou falar com ele.

— Depois que descobri a primeira traição do meu ex, não colocava a mão no fogo por homem nenhum. Meu irmão? Era difícil de acreditar que seria tão insensato de trocar a família que todos admiravam por uma mulher qualquer. Fui conversar com ele.

— Oi, Estela! Você por aqui? Veio me dar bronca?

— Bronca? Por quê? Você andou aprontado alguma coisa?

— Eu aprontar? Nunca. Sou um santo.

— Isso é o que vamos ver. Vou ser bem direta. Soraia me procurou, aos prantos, dizendo que você tem outra. É verdade? Você tem uma amante?

A fisionomia dele, quase sempre alegre, transformou-se em átimos de segundo. Fechou a cara e resmungou.

— Soraia passou de todos os limites. Falar sobre a nossa intimidade com os outros.

— Com os outros? Ela falou comigo, sua irmã, madrinha do seu casamento e madrinha da sua filha. Ela foi buscar socorro. Está desesperada. Não sabe o que fazer.

— Ela é muito exagerada. Estou trabalhando muito. E só isso. Ela já fantasiou uma história na cabeça dela. Ando cansado. Nada demais.

Na mesma hora percebi que meu irmão estava tendo um caso extraconjugal. Minha cunhada estava certa. E como essas notícias se espalham com a rapidez proporcional à curiosidade das pessoas em saber da vida alheia, não demorou para que soubessem que meu irmão tinha outra mulher. E o mais cruel dessa história toda vem agora: a amante do meu irmão era a *franga*. A mesma amante do meu ex-marido.

Que falta de criatividade desses homens! Que infeliz coincidência! Que sina! A mesma mulher responsável pelo final de dois casamentos simultaneamente. Que machismo o meu! Atribuir culpa somente à mulher, como se os homens fossem coitadinhos, seduzidos à revelia, forçados a ceder aos encantos da mulher.

Nada disso. A culpa essencialmente era deles. Ninguém trai contra a própria vontade. Assim como ninguém é forçado a continuar casada com um adúltero, com alguém em que não se confia mais. Na época, minha visão era diferente. Elegi a *franga* como única inimiga. Satanás em forma de mulher, ou melhor, em forma de *piriguete*.

Já volto à história do meu irmão. Voltemos à *franga*.

— Você está traindo meu marido com meu irmão ou está traindo meu irmão com meu marido?

Se alguém procurasse na internet ou nos sites de busca a palavra "assustada", acho que apareceria a foto da *franga* naquele momento. Era o medo em pessoa.

— Não sei do que a senhora está falando, dona Estela. Dirija com cuidado, por favor, a senhora vai causar um acidente.

— Tá com medo de morrer? Quem é perita em destruição aqui é você. Quantas famílias já destruiu, além da minha e a do meu irmão?

— A senhora tá muito nervosa...

— Nossa! Como você é observadora, hein! Reparou que eu tô nervosa.

— Na verdade, não estou nervosa, estou transtornada. Estou a fim de colocar ponto final nessa história.

— Dona Estela, pelo amor de Deus! Não faça nenhuma bobagem. Alguém andou envenenando a senhora contra mim.

— Além de galinha, é cínica! E burra. Além de ir ao MEU dentista, ainda estaciona em lugar proibido. Tenho a prova que estava dirigindo o carro que era do meu irmão.

— É um mal entendido. Foi uma aposta. Como o senhor (nome do meu ex) vivia comprando cotas de consórcio de carro, brinquei com ele que, se em uma semana assumisse a cota de outra pessoa, teria que me deixar dar uma voltinha no carro. Três dias depois, vi que tinha comprado o consórcio que era do irmão da senhora. Como precisava ir ao dentista, aproveitei e fui com o carro dele. Foi só isso.

— Sua mentirosa! Além de tudo, subestima minha inteligência. Só uma idiota cairia numa patacoada dessas. Aliás, tenho certeza de que me acha uma idiota. Quando estava na cama com meu marido, devia pensar: "Eu aqui com ele e a idiota lá, cuidando dos filhos dele."

— A senhora tá enganada...

— Eu SOU enganada há muitos anos. Devo ter sido enganada minha vida toda.

Nesse momento quase entrei na traseira de um caminhão que carregava combustível. Foi por pouco. Como o clima estava quente naquele carro, a chance de uma explosão era gigantesca.

— Dona Estela, por favor, me leva pra casa! A senhora tá confundindo as coisas. Sou uma moça direita. Nunca saí com homem casado.

Quando ela falou isso, com um ar de mocinha virginal da novela das seis, quase perdi a cabeça. Segurei o volante com a mão esquerda e com a direita ensaiei dar um soco no rosto da *franga*. Mas me contive. Não tive coragem. O pouco de bom senso e autocontrole que me sobraram usei para não a agredir fisicamente. Ela escapou de sentir no rosto o peso da mão de uma mulher irada

Em compensação xinguei muito. De A a Z, todas as ofensas que sabia disse para ela. E as que não sabia, criei na hora. Quando eu era criança, quem falasse palavrões tinha que ter a boca lavada com sabão. Naquela hora nem uma lavanderia inteira seria capaz de limpar minha boca.

Não me orgulho dessa atitude. Alívio foi o que senti. Um prazer indescritível, quase uma catarse. Aquele xingamento não era só meu. Era dos meus filhos, da minha cunhada, dos meus sobrinhos. A ofensa da desforra. Falei o que toda mulher traída já pensou em dizer para a amante do marido. Ela teve sorte. Minha intenção era dar uma surra nela. Resisti e não a agredi. Meu desejo mais intenso era bater na desqualificada. Socar a *lambisgoia*. Dar tapa na *sirigaita*.

Depois da sequência quase interminável de palavrões e palavras chulas, uma centelha de bom senso baixou em mim. Percebi que, da maneira irresponsável como estava conduzindo meu carro, quem sofreria seriam meus filhos, que poderiam ficar órfãos de mãe.

Comecei a prestar atenção no trânsito. Não sei como saí viva daquela noite. Meu anjo da guarda trabalhou bastante. E o da adúltera, então, nem se fale.

Ela continuou negando tudo.

Como pode alguém ser tão cínica? Se não estivesse convicta de quem era ela, teria sido convencida de que estava cometendo um equívoco.

— Eu não tenho nada com seu marido.

Prossegui com meu ataque, agora, sem palavras de baixo calão, quer dizer, sem muitas palavras de baixo calão.

— Você é uma vagabunda completa. Não é mulher suficiente para assumir sua vadiagem. Todo mundo sabe que sai com meu marido. É cheia de regalias na loja. Entra e sai na hora que bem entende. Só anda com roupa de marca. Usando o dinheiro que por direito pertence a minha família. Até pode se achar bonita; não consigo entender por que os homens perdem a cabeça com você. Porém, se por fora tem gente que a acha bonita, por dentro é horrorosa, podre.

Ela apenas chorava. De medo, não de arrependimento. Nenhuma lágrima me comoveu. Também chorei muitas vezes.

— Me leva de volta pra minha casa, dona Estela! Tô apavorada!

— Vou levar para um cativeiro. Sequestrar você. Quem sabe meu marido decida pagar o resgate. Quanto será que ele pagaria para ter você de volta? Um milhão? Acho que é muito. Talvez 100 mil. Ele está enfeitiçado, mas sabe fazer negócio. Duvido de que pagaria um tostão a mais do que você vale. Quer dizer, a bem da verdade, você não vale nada.

Agora o desespero dela atingiu o grau máximo.

— Pelo amor de Deus, dona Estela! Me leva para minha casa! Desse jeito a senhora é capaz de cometer uma loucura.

— Você não sabe do que sou capaz. Vou levá-la para um galinheiro. Lá é sua verdadeira casa.

— Por favor, a senhora já me maltratou bastante. Pare com essa tortura. A senhora não vai ganhar nada fazendo isso comigo. A senhora está me deixando apavorada.

— Você esperava o que de mim? Receber elogios? Eu não a maltratei. Você mesma está se maltratando, sua burra!

Depois de ficar em silêncio, dando voltas a esmo pela cidade, deixando-a mais apreensiva, levei a *galinácea* para casa dela. No entanto, deixei claro que estava de olho nela. Não consegui dormir naquela noite. Acredito que ela também não.

Nem os programas de TV mais sensacionalistas seriam capazes de criar uma história tão bizarra e constrangedora quanto a que mencionei: ela teve um caso ao mesmo tempo com meu marido e meu irmão. Ela quase conseguiu destruir dois casamentos.

Meu irmão Enoque era casado com uma das pessoas que mais admiro na vida. Ninguém merece ser traído, mas minha cunhada merece menos ainda. Ela tem todas as virtudes que um homem quer para uma esposa: companheira, leal, fiel, inteligente, bem-humorada, honesta, batalhadora, além de ser mãe dos filhos dele.

Percebi que havia alguma coisa errada quando minha cunhada, sempre tão alegre, estava triste, calada.

— Não é nada. Ando muito cansada, Estela! - retrucou.

— Rita, conheço-a muito bem para tentar me enganar com uma desculpa tão fajuta como essa. O que está acontecendo?

Ela continuou insistindo em não me contar. Eu, insistindo mais ainda em querer saber. Até ela contar o que a afligia.

— Enoque está me traindo.

— Não acredito. Aquele irresponsável, aquele (por pouco não xingo minha mãe sem querer). Você tem certeza, Rita? Não é possível.

— Tenho, Estela. Ele está bem mudado. Já faz tempo. Distante comigo. Sempre arruma uma desculpa para chegar tarde. Até as crianças perceberam que não é mais o mesmo.

Indignada, fui procurar meu irmão.

— Enoque, você está maluco? Que história é essa de ter um caso com outra mulher?

— Do que você está falando, Estela?

— Não se faça de bobo. Vamos poupar o meu tempo e o seu. Eu já sei de tudo. Quero saber o que fez colocar seu casamento em risco com uma mulher tão maravilhosa como a Rita?

— Rita é maravilhosa mesmo, Estela. Mas estou apaixonado por outra mulher. Não foi minha escolha. Aconteceu. Ninguém manda no coração.

Essa história de ninguém manda no coração é uma tremenda desculpa que algumas pessoas usam para agir sem se preocupar com as outras pessoas.

— Você não manda no coração, mas pode mandar na razão. Não faz sentido a essa altura da vida trocar um casamento sólido como o seu, uma família linda que todo mundo admira, por outra mulher.

— Eu sei, Estela. Estou apaixonado.

— Você não é mais criança, Enoque. Sabe que essas histórias terminam mal. Dá um fim nisso enquanto é tempo. Não jogue para o alto tudo o que conquistou. Não deixe seus hormônios vencerem seus neurônios.

— Estela, eu não queria ser grosseiro com você, mas a vida é minha.

— A vida é sua, mas está afetando outras três vidas: Rita e as crianças.

— Eu não sei o que fazer. A última coisa que queria era fazer minha família sofrer.

— Então, põe um fim nisso. Vou ajudá-lo a tomar uma decisão. Essa mulher com quem está saindo não presta. Andei investigando um pouco a vida dela. Ela sai com outro homem. E o outro homem é rico e a banca. Todo mundo na rua onde o (falei o nome do meu ex) tem loja sabe disso, que ela tem amante cheio de dinheiro. Você entrou em bola dividida.

Meu irmão ficou bravo quando falei isso.

— Você está exagerando. Está tentando desmoralizá-la.

— Você acha mesmo que eu preciso me dar ao trabalho de desmoralizar alguém que sai com dois homens ao mesmo tempo, sendo que um deles é casado? Quem está se desmoralizando é ela mesma. O outro amante não sei quem é, mas não deve ser difícil descobrir (Mal sabia que em pouco tempo descobriria).

— Pode deixar que vou resolver essa história.

— Não deixe uma qualquer destruir a família linda que construiu.

Depois dessa conversa, meu irmão ficou sem falar comigo por algumas semanas. Até que Rita me procurou.

— Estela, preciso contar uma coisa. Enoque me procurou ontem e me contou tudo.

— Tudo o quê?

— Tudo. Do caso com a moça e da conversa que tiveram.

— Ele está sem falar comigo há um tempo.

— Mas essa conversa surtiu efeito. Ele confessou que se envolveu com aquela mulherzinha, que deixou os hormônios falarem mais alto, mas que me amava e não queria me perder. Me pediu perdão. Disse que eu era uma mulher maravilhosa e que não merecia passar por aquilo.

— Agora sim estou reconhecendo meu irmão. Essa é a atitude digna de um homem de verdade.

— Ele falou sobre a conversa que tiveram. Isso fez com que refletisse e avaliasse o quanto estava sendo egoísta.

— Que maravilha! Fico feliz com isso.

— Estela, muito obrigada por tudo! Você salvou meu casamento. Nunca vou esquecer o que fez pela minha família.

Rita me abraçou forte. Começamos a chorar.

Dois dias depois, descobri que meu ex era o outro homem na vida da *franga*.

A mesma mulher tendo um caso com meu marido e com meu irmão. Se fosse paranoica, pensaria que o objetivo dessa mulher era destruir minha vida. Sei que esse não era o objetivo, mas ela quase conseguiu.

Ainda deu tempo de ver meu irmão reparando o erro que cometeu. Terminou o caso com a *franga* e voltou ter juízo. Curtiu mais um tempinho a linda família que tinha. Alguns meses depois, descobriu a doença que o levou à morte.

Esse foi o período mais difícil da minha vida. Morte do meu irmão e fim do meu casamento. Claro que são dores diferentes. Não dá para comparar a morte com uma separação. Todavia, as duas experiências fazem sofrer, nas duas temos contato direto com o encerramento de algo que era para durar mais. Do meu irmão, boas lembranças; do meu casamento, esforço-me para ficar com as boas lembranças. Nem sempre consigo.

Quem terminou um relacionamento sabe bem como é a dor do rompimento. É o luto de uma pessoa que continua viva porém que morreu de certa forma. Meu marido se transformou em ex-marido.

Os verbos em relação a ele seriam conjugados no pretérito, que sempre achei que fosse perfeito, ou quase. Agora, não mais do que imperfeito. Um passado fantasioso. Uma obra de ficção.

Meu ex não era quem eu imaginava. Talvez alguém que só existia na minha imaginação. Quem sabe criei uma pessoa que só existia na minha mente. Meu casamento não era o que sempre pensei. E eu? Quem era Estela? Quem era aquela que via chorando no espelho? A essa altura não sabia quem eu era. Ou em quem iria me transformar.

Chorei por dias, semanas, meses. Porém, nunca na frente de ninguém. Jamais permiti que minhas fraquezas tivessem plateia. Eu precisava me reerguer. As pessoas precisavam de mim. Também precisava de mim. Tinha vários motivos para me reconstruir: meus filhos, meus irmãos e eu mesma. Precisava pensar no meu futuro.

Porém, quem eu mais queria estava apenas no passado. Como queria abraçar e chorar no colo da minha mãe.

Capítulo 5

Clarice Assaid

"Fosse eu Rei do Mundo,
baixava uma lei:
Mãe não morre nunca,
mãe ficará sempre
junto de seu filho
e ele, velho embora,
será pequenino
feito grão de milho."

Este poema do Carlos Drummond de Andrade sempre me vem à mente quando sinto falta da minha mãe. Ou seja, todos os dias. No meu reino, mãe seria eterna. Como acredito que Deus não erra, tenho esperança de um dia rever minha amada mãe, e aí sim, creio que ela e eu viveremos felizes para sempre.

Isso me faz lembrar os versos do fantástico Mário Quintana.

MÃE
"São três letras apenas,
As desse nome bendito:
Três letrinhas, nada mais...
E nelas cabe o infinito
E palavra tão pequena - confessam mesmo os ateus -
És do tamanho do céu
E apenas menor do que Deus!"

É o que sinto. O amor pela minha mãe só é menor do que meu amor por Deus. Minha mãe foi minha melhor amiga. A única pessoa que me amou de maneira incondicional.

Mamãe foi precoce em tudo. Casou-se com 16 anos. Foi mãe aos 17. Morreu aos 40 anos. O adjetivo que descreve a vida que mamãe levou é sofrida.

Meu pai era um homem rude, trabalhador, simplório e, acima de tudo, doente. Padecia de uma doença que acomete muitas pessoas e que traz aflição e dor para muitos lares: alcoolismo. Papai era alcoólatra. Essa é a principal lembrança que tenho dele. Um homem que não era mau, mas que fazia maldades quando estava sob efeito de bebidas alcoólicas.

Meus pais eram da mesma cidade do interior. Tinham vida pacata. Começaram a namorar. Ela engravidou. Acho que nunca mais foi plenamente feliz. Na verdade, papai era apaixonado por outra moça. Porém, o costume rigoroso da época obrigou os dois jovens a se casarem. Talvez o termo adequado seja: ambos foram condenados ao casamento.

Mamãe aceitou a "pena" com resignação. Papai encontrou na bebida o escape que o levava para uma realidade distante, um mundo em que era livre para ser e fazer o que queria. Quando regressava ao mundo real, não gostava do que via.

Até hoje não sei qual era a versão autêntica de papai. Se era essencialmente ele quando estava sóbrio ou bêbado. Eram pessoas distintas. Um calado, outro falador; um grosseiro, outro agressivo; um a quem respeitávamos, outro apenas temíamos. Duas versões distintas que formaram um homem difícil, a quem amávamos mais por obrigação que por afeição conquistada.

Minha mãe nunca ingeriu bebida alcoólica. Vivia anestesiada pela aceitação absoluta. Conformava-se até com o absurdo que era o casamento com um feroz alcoólatra. Parecia aceitar seu destino com uma frase que é o lema dos resignados: "Deus quis assim". Só compreendi muito tempo depois o quanto Deus é responsabilizado por más escolhas que fazemos. Transferimos a Deus uma culpa que é nossa.

Ainda menina, mamãe deu à luz. Uma menina gerando outra. Hoje entendo que os únicos momentos felizes de mamãe foram com os filhos. Ela teve oito motivos para ser feliz. Dez pessoas numa casa pequena, simples, sob o mesmo teto que poderia ser dividido em duas situações: meu pai presente e ausente. Preferíamos sempre a segunda opção.

A infância é o momento em que se definem as características que nos acompanharão a vida toda. Meus tempos de criança foram dias difíceis, permeados com a inocência inerente ao mundo infantil. Eu era feliz enquanto não tinha consciência da realidade: da pobreza em que vivíamos, da minha mãe sendo acuada pelo medo que tinha do meu pai por ser um homem violento. Eu apenas brincava, não tinha noção de como nossa vida era sofrida. Achava que minha mãe estaria para sempre ao meu lado e que a vida era difícil para todas as famílias. Brincava com meus irmãos e achava que jamais os perderia. Considerava normal a escassez de comida em casa, não entendia a ideia de preferir a ausência do pai em casa em vez da presença dele. Pensava que nossa família permaneceria unida para sempre. Eu era a princesa nos meus contos de fadas e sempre encontrava um príncipe que me amaria para sempre. Assim eu era feliz.

Sempre ouvi dizer que a vida começa aos 40 anos. A vida de mamãe terminou aos 40 anos. As lembranças que tenho de minha mãe são sempre as de uma mulher conformada com a situação difícil que levava. Alguém que se acostumou a carregar sua cruz, sem nada questionar. Sem pensar, por um instante sequer, se tudo aquilo fazia sentido.

Não é justo medir uma época passada com a visão de uma geração posterior. Comparada ao momento em que vivemos atualmente, do empoderamento feminino, uma história como a de mamãe parece vinda da Idade Média.

Por incrível que pareça, a história de violência doméstica sofrida na minha casa, o abuso do álcool e o medo de denunciar agressões ainda são elementos presentes em muitos lares em pleno século XXI. Imagine há mais de 50 anos.

Não tem um dia em que eu não pense na minha mãe. Fico imaginado como ela poderia me consolar ou simplesmente me abraçar para confortar os momentos difíceis que passei na minha vida.

Sempre me pego pensando em como seria bom tê-la por perto para comemorar as minhas conquistas. Imagino como ela seria como avó dos meus filhos e como lidaria como bisavó dos meus netos.

Mamãe viveu uma vida curta. Apenas quatro décadas. E pequena em possibilidades. Com um horizonte limitado. Viveu para os outros, para os filhos. Sua rotina era acordar, cuidar da casa e dos filhos, ser maltratada pelo marido, ir à igreja aos finais de semana e começar tudo de novo no dia seguinte.

Mamãe viveu pouco, em todos os sentidos. Sua vida era limitada. Acho que nunca foi feliz ou pensou em felicidade. Talvez achasse que felicidade se resumia à difícil vida que levava. Meu pai viveu mais que minha mãe. Mas não posso dizer que viveu melhor que ela.

O alcoolismo matou meu pai. Apesar de minha mãe nunca ter ingerido uma gota de bebida alcoólica, o alcoolismo também matou minha mãe. O vício do meu pai acabou ceifando, de maneira precoce, a vida de mamãe.

A agressividade verbal era o primeiro efeito do álcool sobre o meu pai. Ele gritava, ficava irritadiço e descontrolado. E a principal vítima de sua transformação etílica era minha mãe. Era sobre ela que despejava sua carga de grosserias, xingamentos, ofensas e humilhações.

Nunca vi mamãe revidar, se queixar, falar algo de negativo sobre o meu pai. Sofria calada. Apenas seus olhos tristes revelavam o quanto padecia. A válvula de escape de mamãe era a fé. Frequentava uma igreja protestante todos os domingos. Lia a Bíblia, cantava hinos com a congregação, orava, talvez suplicando a Deus que curasse meu pai. Mas meu pai nunca se viu como um dependente. Muitas vezes acompanhava mamãe nos cultos. Contudo, saindo da igreja, parava no bar. Horas depois voltava para casa sem nenhum resquício divino em seu comportamento. Ele bebia, mamãe e nós, seus oito filhos, comíamos o pão que o pai do alcoolismo amassou.

Não queria passar a impressão de que minha infância foi uma tragédia grega ou um dramalhão típico de novela mexicana. Eu e meus irmãos tivemos momentos felizes. Nessa época a vida era mais simples. As coisas eram menos complicadas. Contentávamos com pouco. Ou melhor, com o essencial.

Natal era a única data em que ganhávamos presentes. E no dia do aniversário de cada filho, meu pai comprava refrigerante. O aniversariante tinha o direito de tomar dois copos.

Lembro-me de algumas travessuras que meus irmãos, alguns vizinhos da nossa idade e eu aprontávamos. Quando estávamos voltando da escola, numa tarde quente, pedimos água para uma senhora que lavava a garagem da casa dela. Além dela não nos dar nem um copo d'água, foi grosseira. No dia seguinte, resolvemos fazer justiça com as próprias mãos. Literalmente. Pulamos o pequeno portão de onde ela morava e, com as mãos sujas de terra retirada de uma construção que ficava perto, deixamos nossas marcas nas roupas limpas que estavam secando no varal. Ao perceber o alvoroço, começou a gritar e correu atrás da gente tentando nos dar algumas vassouradas.

— Sua velha muquirana, não quis dar água pra gente, vai ter que gastar bastante água para lavar todas as roupas de novo - gritou um dos meus irmãos.

Também me lembro da vez em que vimos o Armando, nosso melhor amigo, chorando por causa de uma bola furada.

— Seu Valdemar, meu vizinho, furou minha bola novinha que caiu no quintal dele. É a terceira bola minha que ele fura. Meu pai vai ficar uma fera comigo.

— Calma! Nós vamos dar uma lição nesse furador de bola malvado.

No dia seguinte nossa "gangue" agiu. Eu e minha irmã mais nova pulamos de maneira discreta na garagem do Seu Valdemar. Amarramos um fio de nylon quase transparente na porta da rua e tocamos a campainha.

— O que vocês querem, seus pirralhos?

— Seu Jorge da farmácia mandou entregar esse pacote para o senhor - mentiu meu irmão.

Quando o furador de bolas saiu em direção ao portão, tropeçou no fio de nylon e desabou no chão. Nós saímos correndo, assustados, mas realizados por termos vingado nosso amigo.

Apesar de todas as dificuldades econômicas que enfrentávamos naquela época, tenho boas recordações da minha infância. O olhar nostálgico faz parecer que tudo era mais inocente naquele tempo. Na verdade, havia maldade e coisas terríveis, nosso olhar inocente é que não percebia. Tenho saudade do período em que era inocente, no entanto prefiro hoje quando consigo enxergar as coisas como são.

Vi uma vez um humorista dizer que pobre não troca de roupa. É a roupa que troca de pobre. No nosso caso, era exatamente assim. A roupa do irmão mais velho ia passando para o mais novo. Na infância, nunca usei sapato do meu tamanho: ou era apertado ou largo.

Vivíamos com sérias restrições financeiras. Papai trabalhava bastante. Era um funcionário exemplar. Orgulhava-se de nunca ter chegado atrasado ao serviço. Trabalhava em uma indústria têxtil. Nossa vida teria sido diferente, principalmente a vida da mamãe, se papai fosse tão bom marido e pai como era bom funcionário.

Mas ganhava pouco e tinha oito filhos para sustentar. Além disso, o pouco dinheiro que sobrava ia direto para o bar perto de casa. Como não tínhamos parentes próximos, nossa rede de apoio era a vizinhança. Perdi a conta de quantas vezes Dona Rosa, vizinha e melhor amiga de mamãe, dividia conosco as compras que havia feito na feira. Quantas vezes, quando via que papai estava transtornado, ela me chamava e a meus irmãos para brincar na casa dela. Quantas vezes omitia alguma peraltice nossa. Dona Rosa era uma mulher boa. Depois da morte da minha mãe, via na Dona Rosa uma segunda mãe.

Minha mãe morreu quando eu tinha nove anos. Não tive o privilégio de passar mais tempo com ela. Todavia, lembro-me de cada momento que passamos juntas. Era uma mulher de poucas palavras. Seu olhar era expressivo. Através dele, sentia-me amada.

Acho que mamãe nunca ouviu palavras de carinho. Não escutou o quanto era uma mulher aguerrida. Uma pena! Ela merecia saber o quanto foi uma pessoa diferenciada, um exemplo de garra e de resiliência. Penso nela. Choro de saudade. No entanto, sou agradecida pelo legado de mulher honrada que não se deixa vencer pelas dificuldades.

Mamãe morreu em consequência de um aborto espontâneo que sofreu. Tenho certeza de que isso aconteceu depois de mais um porre do meu pai. Quando bebia a ofendia, desconfiando da fidelidade dela. Bêbado, dizia que não sabia se aquele bebê era filho dele. Morreram os dois. Mamãe e o feto. Sem dúvida nenhuma, aquele foi o pior dia da minha vida.

Meu pai ficou abalado com a morte da minha mãe. E reagiu da maneira mais previsível: bebendo em doses cada vez maiores. Depois de um tempo, mudamo-nos do bairro em que morávamos. Senti falta da Dona Rosa. Ao me despedir dela, era como se tivesse ficado órfã outra vez.

— Estela, não se esqueça que Deus nunca abandona os filhos dEle! Deus nunca vai desamparar você e seus irmãos! – abraçou-me, chorando.

Aquelas simples palavras acalmaram meu coração. O medo e a insegurança ao que aconteceria comigo foram diminuindo. Sabia que Deus cuidaria de mim e dos meus irmãos, estaria sempre ao nosso lado.

Meu pai arrumou um emprego de porteiro no outro lado da cidade. Fomos morar em uma casa menor do que onde fomos criados. Trabalhava o dia todo e nos deixava sozinhos. Um irmão cuidando do outro. Arrumou várias namoradas. Nenhuma delas maltratou a gente, mas não nos apegamos a nenhuma. Logo terminava o namoro e apareceria com outra.

Meus irmãos e eu sabíamos que só podíamos contar uns com os outros. Ninguém esperava ajuda de ninguém. Muito menos do nosso pai. Não esperávamos nenhum amparo dele. Já havíamos entendido que nosso pai não era mais o nosso provedor. Era um por todos, todos por um e todos esperando que Deus cuidasse de nós.

Aos 11 anos fui trabalhar como babá numa casa de família em que uma das minhas irmãs trabalhava como doméstica. Eu cuidava do Carlinhos, uma criança adorável. Meus patrões eram gentis. Dormia de segunda a quinta no serviço e, na sexta à noite, voltava para casa para cuidar dos meus irmãos.

Morria de saudade dos meus irmãos. A culpa me corroía por deixá-los sozinhos durante a semana. Porém, não havia outra solução. Eu precisava de dinheiro para dar o mínimo para eles. Éramos oito irmãos. Agora somos apenas cinco.

Para minha tristeza, já perdi três irmãos. Três lacunas no meu coração que jamais serão preenchidas. Enquanto escrevo essas palavras, as lágrimas são minhas companheiras. Perdi minha irmã mais velha enquanto escrevia este livro.

Revivi a dor indescritível de perder um irmão. Três mortes que, de alguma maneira, mataram alguma coisa em mim. Quando morre um irmão, morre um pouco da gente também.

Dois irmãos foram acometidos de doenças graves, cujo progresso foi mais rápido do que todos esperavam. Todavia, tivemos tempo para nos despedirmos. A recente morte da minha irmã foi repentina. Uma triste surpresa.

Não consigo me acostumar sem a presença deles perto. Foi a existência dos irmãos que durante muito tempo deu sentido à minha vida. Vivia por eles.

Mamãe teve oito filhos. Quatro mulheres e quatro homens. Todos do mesmo pai: Elvira, Elisabete, Elza, Estela, Edgar, Enoque, Emílio e Edson. Oito personalidades diferentes. Todos com o nome iniciado pela letra E, diferentes entre si. Cada um com seu temperamento e sua maneira própria de lidar com o período tão penoso após a morte da minha mãe.

Embora eu seja a mais nova das irmãs, assumi a responsabilidade de cuidar de todos. Antes de dormir, no minúsculo quarto na casa onde trabalhava, chorava de saudade da minha mãe, dos meus irmãos e de minha infância.

Amadureci na marra. Não tive escolha. O instinto maternal aflorou nesse período. Sentia-me mãe dos meus irmãos. Uma menina cuidando de outras crianças.

Nunca demonstrei meus medos. Chorava escondido. Quando chegava a minha casa, no final de semana, encarnava a personagem de mãe e irmã coragem. As pessoas achavam que eu era durona.

Era só aparência. Por dentro, havia uma menina temerosa, que queria ser cuidada por alguém em vez de cuidar.

Meu instinto maternal pelos meus irmãos não desapareceu com o tempo. Continuo querendo cuidar deles. Sempre acho que precisam de mim.

Ainda hoje continuo demonstrando que está sempre tudo bem comigo. Engulo minhas dores e prossigo. Não costumo demonstrar minhas fragilidades. Não é orgulho, acho. É uma questão de prioridade.

Assim como no pronto-socorro, os problemas mais graves têm preferência no atendimento. Não dá para comparar uma dor de cabeça com um enfarte.

Sempre avalio que minhas dores são mais leves que a dos outros. Dou preferência para ajudar os outros. Fico sem jeito em ser ajudada.

Ajudar é a maneira que encontrei de distrair meu sofrimento, de minimizar meus problemas. Hoje entendo que também preciso de ajuda. Permitir que me ajudem não é fácil para mim.

Das minhas dores, cuido eu. Esse sempre foi meu lema. Só abro meu coração para uma pessoa. Só a Ele conto minhas dores mais íntimas, revelo meus pensamentos mais obscuros, compartilho minhas fraquezas, meus sentimentos menos nobres. O único Ser para quem confio meus segredos inconfessáveis e para quem não tenho vergonha de demonstrar minha fragilidade é Deus. Sei que sou queridinha de Deus. Nas próximas páginas você vai entender por quê.

Capítulo 6

"*duca a criança no caminho em que deve andar; e até quando envelhecer não se desviará dele."* *(Provérbios 22:6).* Deus foi me apresentado pela minha mãe. Não com palavras, com atitudes.

Durante os primeiros anos da vida de uma criança, Deus é representado pelos pais. A noção da divindade é vinculada à maneira de ser e de agir dos pais. Minha mãe me mostrou a face amorosa de Deus.

Nunca vi minha mãe falar mal do meu pai, mesmo tendo tantos motivos para fazê-lo. Sempre nos ensinou a respeitar nosso progenitor. Acho que o primeiro versículo da Bíblia que aprendi foi: *"Honra a teu pai e a tua mãe, para que se prolonguem os teus dias na terra que o Senhor teu Deus te dá." (Êxodo 20:12).*

Aprendi a honrar meu pai porque primeiro minha mãe o honrava como esposo. Mamãe foi ótima professora da Bíblia. Não porque dava aulas formais sobre religião, praticava o ensinamento que tinha.

Mamãe era mulher de uma fé inabalável. Lia a Bíblia, orava e sempre ia à igreja. Nada a impedia de estar presente nos cultos. Tenho a impressão de que a igreja era o único lugar em que tinha paz.

Meus irmãos e eu sempre acompanhávamos mamãe aos cultos nos domingos. Até meu pai ia de vez em quando. Sempre via mamãe ajoelhada, orando. O que será que pedia a Deus? Que curasse meu pai do alcoolismo? Que desse paciência a ela? Que lhe concedesse uma vida melhor? Que tivéssemos fartura? Que protegesse os oito filhos? Talvez pedisse por tudo isso e muito mais. O fato é que mamãe tinha comunhão com Deus. Ela e Deus eram amigos. Mamãe nos transmitiu seus valores religiosos.

Eu era criança quando acompanhava minha mãe aos cultos. Não me lembro de quase nada das cerimônias religiosas, porém nunca vou me esquecer de cada lição prática de vida que ela nos ensinou.

Deus foi apresentado a mim por mamãe e nunca mais me separei dEle. Entretanto, na morte da minha mãe, senti-me desamparada. Achei que Deus havia se esquecido de mim. Os seguintes versos bíblicos descrevem como Deus atuou e continua agindo na minha vida: *"O Senhor ampara todos os que caem e levanta todos os que estão prostrados. Os olhos de todos estão voltados para ti, e tu lhes dás o alimento no devido tempo. Abres a tua mão e satisfazes os desejos de todos os seres vivos. O Senhor é justo em todos os seus caminhos e bondoso em tudo o que faz. O Senhor está perto de todos os que o invocam, de todos os que o invocam com sinceridade. Ele realiza os desejos daqueles que o temem; ouve-os gritar por socorro e os salva. O Senhor cuida de todos os que o amam, mas a todos os ímpios destruirá".* (Salmos 145:14-20).

Eu gritei por socorro quando vi minha mãe no caixão. Não gritei com voz audível, meus pensamentos e sentimentos estavam bradando por ajuda. Deus estava perto de mim, de muitas maneiras. Dona Rosa, minha vizinha, lembrou-me de que não estava sozinha. Meus irmãos ao meu lado me lembraram de que não estava sozinha.

De repente, veio-me à mente a imagem de minha mãe ajoelhada, compenetrada em sua oração. Sabia que suas preces não haviam sido em vão. Deus cuidaria de mim e de meus irmãos, como de fato cuidou. E tem cuidado até hoje. *"Em ti confiaram nossos pais; confiaram, e tu os livraste". (Salmos 22:4)*

Depois que eu e meus irmãos nos mudamos de casa, as coisas ficaram difíceis.

— Estou com fome.

— Estela, o que vai ter pra comer hoje?

— Minha barriga está até roncando.

— Já está na hora do almoço e o papai não chega com a comida!

Famintos, meus irmãos pequenos não entendiam que não havia nada em casa para comer. Desesperada e sem saber o que fazer, dizia que sairia para comprar alguma coisa para comermos no almoço. Mentira. Como compraria algo se não tinha um tostão? Não tínhamos contato com nossos novos vizinhos para pedir ajuda. Desnorteada, saía de casa sem saber o que fazer, à espera de um milagre. E o milagre aconteceu.

Na esquina perto da minha casa havia um terreno vazio, abandonado. No gramado, percebi algo no chão. Cheguei mais perto e vi que se tratava de uma abóbora. Não qualquer abóbora. Era enorme o suficiente para matar a fome dos meus irmãos. Aquela abóbora caiu do céu como um maná para minha família. Serviu para alimentar a meus irmãos e a minha fé. Senti que Deus estava atento às minhas necessidades. *"Portanto, não vos inquieteis, dizendo: Que comeremos? Que beberemos? Ou: Com que nos vestiremos? Porque os gentios é que procuram todas estas coisas; pois vosso Pai Celeste sabe que necessitais de todas elas; buscai, pois, em primeiro lugar, o seu reino e a sua justiça, e todas estas coisas vos serão acrescentadas. Portanto, não vos inquieteis com o dia de amanhã, pois o amanhã trará os seus cuidados; basta ao dia o seu próprio mal"* (Mateus 6:31-34)

Durante minha vida senti que Deus cuidou de mim. Isso não significa que compreendia tudo o que acontecia comigo. Já questionei muitas coisas. Por que Ele permitiu que minha mãe sofresse tanto? Por que eu e meus irmãos passamos por tantas dificuldades na infância? Por que meu pai não foi amoroso com a gente? Por que meu casamento acabou? Por que meus irmãos morreram?

Questionamentos que muita gente se faz, reveladores de uma compreensão errada e limitada da amizade com Deus. Ter fé não significa que as coisas vão sempre dar certo. Ter fé é continuar acreditando

Eu também preciso de mim

nEle quando tudo dá errado, confiar quando as coisas não acontecem conforme gostaríamos.

Deus não é um gênio da lâmpada pronto a satisfazer nossos desejos, é nosso Criador, nosso Pai e sabe aquilo do que precisamos. Ele está interessado em nossa felicidade plena e eterna. Não se agrada do nosso sofrimento, porém sabe que isso pode nos aproximar dEle. Se Deus tivesse dito Sim a tudo o que eu pedi a Ele, estaria presa. Muitos pedidos eram e são egoístas. Eu vejo só agora, Ele enxerga o todo, o final desde o começo. Confio nEle plenamente. Faço minhas as palavras de Jó: "Ainda que Ele me mate, nele esperarei."

Tenho tentado desenvolver com Deus um relacionamento mais maduro. Não quero barganhar, quero que Ele me abençoe e me transforme em uma pessoa melhor, em sua serva fiel. Fico triste ao perceber muita gente que se aproxima de Deus só para conseguir benefícios materiais ou passageiros. Visão egoísta e limitada. Ele quer nos oferecer mais. Vida plena. Vida eterna. *"Eu vim para que tenham vida e a tenham em abundância." (João 10:10). "Àquele que é capaz de fazer infinitamente mais do que tudo o que pedimos ou pensamos, de acordo com o seu poder que*

*atua em nós, a ele seja a glória na igreja e em Cristo Jesus, por todas as gerações, para todo o sempre! Amém".
(Efésios 3:20-21)*

Não estou falando de religião. Estou falando de Deus. Não estou falando sobre regras ou normas, estou falando sobre uma pessoa. Comecei a participar da comunidade religiosa ainda jovem. Conheci pessoas ótimas, que se pareciam com o que imagino que seja Deus. Também conheci outras que eram o oposto de Deus. Acredito que Deus é amoroso, generoso, consolador, paciente e que nunca desiste de nós. Nas igrejas têm muitas pessoas assim e muita gente que está bem distante de ser assim. Já me decepcionei muito, pois esperava que todo mundo que se diz religioso e participa de uma comunidade de fé fosse parecido com Jesus. Hoje sei que não é assim. A igreja é um hospital que recebe pessoas que precisam ser curadas emocional e espiritualmente.

Aprendi que todos possuem suas lutas e nenhuma pessoa deve servir de parâmetro para ninguém. Estamos no mesmo barco e precisamos de Jesus para nos salvar. A célebre frase do Robert Kennedy, ex-presidente dos Estados Unidos: "Não pergunte o que seu país pode fazer por você. Pergunte o que você pode fazer por seu país" pode ser facilmente adaptada à vida religiosa. "Não pergunte o que as pessoas da sua igreja podem fazer por você. Pergunte o que você pode fazer por elas."

Quando entendi isso, minha relação com a religião mudou. Não espero nada. Tento oferecer. Sei que são pessoas que precisam de ajuda. E tento ser parte da solução. Ou, no mínimo, não quero ser parte do problema. Muita gente tem uma visão negativa das religiões. Eu entendo isso. Quando uma pessoa é preconceituosa, ríspida, desonesta, hipócrita, fofoqueira e se diz religiosa é uma contradição enorme com os ensinamentos bíblicos. Por isso, gosto de falar de Deus, de Jesus e de seus ensinamentos. Gosto de falar sobre o amor prático e infinito de Deus. E já senti esse amor de Deus muitas vezes e de muitas maneiras.

"Levanto os meus olhos para os montes e pergunto: De onde me vem o socorro? O meu socorro vem do Senhor, que fez os céus e a terra. Ele não permitirá que você tropece; o seu protetor se manterá alerta, sim, o protetor de Israel não dormirá; ele está sempre alerta! O Senhor é o seu protetor; como sombra que o protege, ele está à sua direita. De dia o sol não o ferirá; nem a lua, de noite. O Senhor o protegerá de todo o mal,

protegerá a sua vida. O Senhor protegerá a sua saída e a sua chegada, desde agora e para sempre." (Salmos 121:1-8). "Mil poderão cair ao seu lado; dez mil à sua direita, mas nada o atingirá". (Salmos 91:7). "Pois me livraste da morte e aos meus pés de tropeçar, para que eu ande diante de Deus na luz que ilumina os vivos". (Salmos 56:13). "Livrou-me do meu inimigo poderoso, dos meus adversários que eram fortes demais para mim". (2 Samuel 22:18). Esses versos resumem como Deus me protege. E não foram poucas as vezes que senti a proteção de Deus.

Ainda jovem, toda sexta à noite, eu ia dormir na casa de uma parente, Era uma tentativa de manter o vínculo familiar. Era recebida com carinho pela minha parente e pelo marido dela. Eu dormia no sofá da sala. Uma noite fui surpreendida com a presença do marido da minha parente no sofá, ao meu lado. Ele tentou passar a mão nas minhas pernas. Chocada, agarrei o braço dele e quase torci. Ele não esperava minha reação e saiu com medo de que a esposa acordasse. Fui embora dali naquele mesmo instante, em plena madrugada. Não tinha para onde ir naquele momento. Antes de virar tema de uma música famosa, posso dizer que dormi na praça. Acomodei-me no banco e me deitei esperando o dia nascer. Ninguém mexeu comigo. Entendo que Deus me protegeu naquela noite. Hoje seria inimaginável uma moça dormir numa praça sem correr algum perigo.

Minha parente estranhou meu sumiço repentino. Tentei inventar uma desculpa qualquer, porém não acreditou. De tanto insistir, contei o que havia acontecido. Ela ouviu calada e olhando nos meus olhos me disse:

— Isso é mentira. Meu marido seria incapaz de fazer isso. Você deve estar mentindo. Fica assistindo à novela e acha que todo homem é vilão.

Como era comum naquela época, foi conivente com o homem. Preferiu manter o casamento a ter que admitir que tinha um marido abusador. Tempos depois, encontrei os dois. Fingiram que nada havia acontecido. Tive raiva dele e dó dela. Ela praticava o autoengano. Enganar a si mesma é o pior tipo de engano. E o mais comum.

Nunca mais voltei naquela casa. Os dois já morreram. Senti pelo que aconteceu, pois tinha consideração por eles. Fiquei pensando em quantas mentiras minha parente havia acreditado para salvar seu casamento. Não gostaria que as coisas tivessem acontecido daquela maneira. Agradeço a Deus porque consegui escapar.

"E, assim, com confiança, ousemos dizer: O Senhor é o meu ajudador, e não temerei o que me possa fazer o homem."Hebreus 13:6. Entendo que somos protegidos por Deus o tempo todo. E que, em algumas ocasiões, isso se torna mais perceptível. À noite, antes de dormir, agradeço pelo cuidado e livramento. Entretanto, alguns episódios se tornam marcantes. É o caso do episódio que vou relembrar agora.

— Socorro, alguém me tira daqui!

Ninguém me ouvia. Achei que morreria ali, presa nas ferragens do meu automóvel ou do que sobrou dele.

— Por favor, me ajude, eu tô presa aqui! Alguém chama o resgate para me tirar daquiiiiiii!

Estava dirigindo na estrada, de volta para minha casa, quando houve um engavetamento. Muitos carros colidiram. Inclusive o meu. Tudo aconteceu rápido. Lembro-me de tentar frear meu veículo, mas não foi possível. O estrondo, um enorme impacto. Quando percebi, estava presa nos ferros retorcidos do meu carro.

— Calma, moça, já chamamos os bombeiros! A senhora está bem?

— Vou ficar bem quando eu sair daqui. Me ajude!

Consegui sair do carro sem a ajuda de ninguém. Estava com alguns arranhões pelo corpo. Nada que parecesse ser mais grave.

Quando a equipe da seguradora do carro chegou, o diagnóstico foi definitivo: perda total. O carro não tinha mais solução. Eu estava bem. Fiquei pensando naquela expressão. Será que já havia sofrido alguma perda total na minha vida. Pensei nos meus pais e irmãos que haviam morrido, no final do meu casamento. Eram perdas sofridas. Não eram totais. Perdi minha mãe, todavia guardo boas recordações dela.

Posso dizer o mesmo dos meus irmãos. Ninguém apagará da minha memória tudo o que vivi com eles. Perdi o convívio, o que é dilacerante, porém preservei as lembranças. Creio que um dia vou vê-los novamente, quando Jesus voltar. Encaro as perdas como temporárias. Meu casamento deixou cicatrizes, não posso classificar os anos como perda total. Tive filhos e bons momentos com meu ex. Perda total é qualquer experiência da qual não aprendemos nada. Perda total significa que o acidente foi grave.

— Dona, a senhora tem muita sorte! Quem vê o carro duvida de que a motorista sobreviveu - disse-me o rapaz da seguradora.

— Não foi sorte, moço! Foi a mão de Deus na minha vida!

Por isso, sinto-me queridinha de Deus. Minha vida poderia ter terminado naquele acidente. Ele poupou minha vida para que eu pudesse ajudar outras vidas. Minha vida tem propósito: contribuir para que a vida de outras pessoas possa ser melhor. Tenho tentado cumprir minha missão.

Somos queridinhos de Deus. Devemos nos sentir queridinhos de Deus. Ele nos trata de maneira individual, personalizada. Eu não sou só mais uma para Ele. Sou única. Ele o trata assim também. De maneira exclusiva. Ele sabe quem você é e do que precisa. Sabe o que o faz feliz, qual o propósito da sua vida e está disposto a ajudá-lo a cumprir esse propósito. Não tenho medo de morrer. No entanto, gosto de viver. Sei que foi para isso que fui criada: para viver plenamente. Criada para viver uma vida com propósito.

Enquanto tiver fôlego, quero cumprir meu propósito e que Deus continue me dando força, coragem, discernimento, humildade para prosseguir. Além de proteger a minha vida e me livrar da morte.

"Mesmo quando eu andar por um vale de trevas e morte, não temerei perigo algum, pois tu estás comigo; a tua vara e o teu cajado me protegem". (Salmos 23:4). "O Senhor é a minha rocha, a minha fortaleza e o meu libertador; o meu Deus é o meu rochedo, em quem me refugio. Ele é o meu escudo e o poder que me salva, a minha torre alta. Clamo ao Senhor, que é digno de louvor, e estou salvo dos meus inimigos". (Salmos 18:2,3). Deus tem cuidado de mim. Mesmo nos momentos mais sombrios, sei que Ele está comigo. Os melhores momentos da minha vida são aqueles em que reconheci que preciso de Deus. Foi quando desenvolvi minha confiança nEle.

Há quem diga que se decepcionou com Deus. Arrisco a dizer que talvez a pessoa tenha se decepcionado com o Deus que foi apresentado a ela. Quem sabe tenha se decepcionado com pessoas e instituições. Ou talvez tenha alimentado falsas expectativas. Cobram de Deus aquilo que Ele nunca prometeu.

Posso assegurar que vale a pena dar nova chance a Deus. Aproxime-se dEle sem pré-julgamento. Esqueça-se do Deus que apresentaram a você e busque o Deus real, verdadeiro. O encontro com Deus sempre vai tornar a pessoa melhor.

Deus é um cavalheiro. Nunca vai nos forçar a nada. Prefere convidar a coagir. Por ser um *gentleman*, respeita nossa liberdade de escolha. Entende a compreensão equivocada que muitos de nós temos. Mesmo assim, não desiste de nós. É amor genuíno. Amor em estado puro.

Fanatismo não combina com Deus. Indiferença não combina com Deus. Mentira não combina com Deus. Orgulho não combina com Deus. Opressão não combina com Deus. Hipocrisia não combina com Deus. Discriminação não combina com Deus. Egoísmo não combina com Deus.

Já senti vontade de me afastar de Deus, entretanto Ele nunca desiste de mim. Continua ao meu lado, convidando-me para conhecê-lo profundamente. O convite de Deus pode vir das maneiras mais variadas possíveis: pela natureza, por uma amizade, uma canção, um abraço, um livro... *"Vinde a mim, todos os que estais cansados e sobrecarregados, e eu vos aliviarei". (Mateus 11:28). "... e o que vem a mim de maneira nenhuma o lançarei fora." (João 6:37)*

Este capítulo teve tantos versos bíblicos que fiquei imaginado sendo lidos pela voz de Cid Moreira...

Capítulo 7

Clarice Assaid

Quando eu era criança, sonhava em ser médica. A ideia de uma pessoa ajudar a curar outra me fascinava. Não cheguei nem perto de me tornar médica na minha juventude. Completei os estudos do segundo grau com dificuldade. "Minha faculdade é a vida", dizia eu.

O fascínio em ajudar a curar as pessoas ainda resistia. Não como médica. Tenho horror a sangue e agulhas. Descobri que é possível curar outros tipos de enfermidades. As doenças da mente. Decidi que estudaria Psicologia para curar a mente das pessoas.

Passei no vestibular aos 50 anos. Era a mais velha da classe e que muitos professores. Esse período não foi fácil. Além de me sentir enferrujada em relação aos estudos, senti-me rejeitada. Além da discriminação que há com mulheres, negros, homossexuais, pobres, há forte preconceito com quem é mais velho. Senti isso na pele (já um pouco enrugada).

Tive dificuldade para ser aceita nos grupos. As pessoas me tratavam como se eu tivesse algum tipo de debilidade. Não dividiam comigo responsabilidades acadêmicas, como se fosse incapaz. Era tratada como "café com leite". Isso porque tinha apenas 50 anos. Todas as pessoas na sala tinham idade para serem meus filhos. Entretanto, nenhum deles demonstrava consideração por mim. Eu reclamava de maneira discreta, mudava de grupo e o problema permanecia. Não me conformava com aquilo. Até que um dia...

— Hoje vocês vão se separar em grupos - propôs a professora.

Todos se juntaram. Só eu fiquei de fora.

— Estela vai ficar no grupo 1 - decidiu a professora.

Silêncio constrangedor. Nenhuma reação. Nem minha, nem dos outros alunos. Tive que ser colocada à força no grupo, senão não seria escolhida.

— O trabalho de vocês será analisar a estrutura psicológica de histórias clássicas infantis. O grupo deve escrever um trabalho e fazer uma apresentação para a classe. Começarei a sortear as histórias.

— Nosso grupo tem tido sorte. No último trabalho pegamos a parte mais fácil - disse uma moça do grupo.

A professora começou a dizer quais seriam as histórias analisadas.

— *Pinóquio, Cinderela, Chapeuzinho Vermelho, João e Maria* e *Patinho Feio.*

— Tomara que a gente não pegue o *Patinho Feio.* A Natália do 2.º ano disse que é o mais trabalhoso - sussurrou outra moça do grupo.

— Estela, venha sortear a história para seu grupo - ordenou a professora.

Levantei-me e fui em direção a ela. Coloquei a mão em uma pequena urna, peguei um papelzinho e entreguei à professora.

Ela abriu o pequeno papel.

— O Grupo 1 fará o trabalho sobre o *Patinho Feio* – leu, com voz firme e alta.

Todo o grupo lançou um olhar de reprovação. Como se eu tivesse escolhido o trabalho mais difícil de maneira proposital.

O grupo não estava se empenhando para o trabalho. As pessoas faltavam às reuniões, não liam o material, não estavam interessadas. Procurei a professora e expliquei o que estava acontecendo.

— Quero sair do grupo - pedi.

— De jeito nenhum! Você já pesquisou muita coisa sobre o tema. Veio tirar dúvidas comigo. Está demonstrando interesse pelo trabalho. Outro dia a vi até tarde na biblioteca. Vai permanecer no grupo.

— Deixe-me fazer sozinha. Passa outro tema para eles. Vou ficar bem. Não quero criar tumulto. Não me senti acolhida e não quero causar nenhum constrangimento ao grupo.

Depois de relutar bastante, a professora aceitou minha proposta. Estava partindo para a carreira solo. Continuei empenhada nas pesquisas. Li tudo o que encontrei sobre o *Patinho Feio* e sua relação com as emoções e a psique humana.

Chegou o dia da apresentação. A ordem dos grupos foi sorteada. Fiquei por último. Quando me levantei para a apresentação, a professora precisava fazer algo e pediu para eu aguardar . Ela saiu da sala. Não entendi o que estava acontecendo. Alguns minutos depois voltou acompanhada pelos alunos da outra turma.

— Esse é o pessoal do 1.º B. O grupo que falaria sobre o *Patinho Feio* faltou, e como hoje é último dia para a apresentação, eles vieram aqui para ouvir seu trabalho, Estela.

Meu nervosismo dobrou de tamanho assim como dobrou o número de alunos na sala.

— Pode começar a apresentação, Estela - determinou a professora.

Como havia estudado muito, senti-me confiante. Falei por mais de 15 minutos ininterruptamente. Quando terminei de falar, fui aplaudida. Foi a única apresentação a receber aplausos.

— Estela, parabéns pela sua apresentação! Sem dúvida foi a melhor da sala. Tinha expectativa de que se sairia bem, mas se superou. Por que acha que conseguiu desenvolver também os aspectos psicológicos do *Patinho Feio*? – indagou a professora.

— Porque o *Patinho Feio* sou eu. Esta é a história da minha vida!

Comecei a chorar. Todos ficaram sem saber o que fazer. Contei alguns episódios da minha vida. Ninguém saiu da sala, mesmo após o final da aula.

Naquele dia senti-me aceita. A partir daquela data, pertenci ao grupo. Muitas pessoas me procuraram para contar que se identificavam com a minha história. Elogiavam minha coragem em me expor. Não foi nada premeditado. Simplesmente transbordou de mim.

Os grupos me convidavam para os trabalhos. Até o reitor da universidade quis me conhecer. Depois de quatro anos, o patinho feio aqui foi a oradora da turma. No meu discurso, contei sobre o episódio do *Patinho Feio* e fiz um apelo aos meus colegas recém-formados psicólogos.

— Todos nós aqui já nos sentimos patinhos feios em algum momento da vida. A partir de hoje, vamos contribuir para que todos conheçam e admirem suas peculiaridades. Nós temos uma missão: ajudar os cisnes a serem felizes.

O auditório se levantou e me aplaudiu. Este foi um dos momentos mais felizes da minha vida. Eu era uma mulher formada, uma psicóloga preparada para curar as doenças emocionais das pessoas.

As coisas mudaram na minha vida. De dona de casa à mulher separada que vivia lamentando o fim do casamento; agora, psicóloga formada. Comecei a atender no meu consultório. Meu objetivo não era apenas me manter financeiramente, embora essa parte seja importantíssima. O que mais me realizava era ajudar pessoas. Atendia quem me procurasse. Mesmo que a pessoa não pudesse pagar. Como deixar de socorrer quem precisa de ajuda?

Minha vida se dividia entre atender no consultório e ler livros sobre Psicologia em casa. Não tinha tempo, mas estava me sentindo bem.

Acompanhei os benefícios do meu trabalho. Contribuí para que casamentos fossem restaurados, que pais reaprendessem a dialogar com os filhos, que os filhos aprendessem a compreender os pais, que pessoas ressignificassem acontecimentos do passado, que perdoassem aos outros e a si mesmos. Principalmente, ajudei as pessoas a conhecerem a si mesmas.

Meu consultório vivia cheio. Atendia o tempo todo. Havia uma enorme fila de espera para passar comigo. Ficava feliz em ver quantas pessoas estava ajudando, porém me angustiava o fato de não conseguir atender mais pessoas.

Ficava pensando em como ajudar um número maior de pessoas. Um dia recebi um convite para ir a uma palestra de um psicólogo internacional. Ele era famoso lá fora e estava vindo pela primeira vez ao Brasil. Havia lançado um livro por aqui que se tornou *best-seller* em poucas semanas.

Fui à palestra. Imaginava que veria o mesmo conteúdo já desgastado dos livros de autoajuda. Fiquei surpresa ao ver a multidão presente naquele auditório. Eram mais do que apenas espectadores. Eram admiradores. Parecia que eu estava no meio de um fã-clube.

Quando o palestrante entrou no palco, entendi o que significa a palavra frenesi. O público entrou em êxtase. Puro delírio. Era um verdadeiro *pop star*. Fiquei assustada com tamanha demonstração de devoção.

A palestra era uma mistura de aula, *show* e culto. Havia ensinamento, *performance* teatral e uma autoveneração do psicólogo pelo próprio conhecimento. O público estava embevecido, hipnotizado. Os aplausos estavam banalizados de tão constantes. Os assobios e gritos eufóricos pontuavam cada final de frase.

O palestrante era fenômeno mundial da sedução. Sem constrangimento, misturava conhecimento científico com pseudociência. Havia informação pertinente entremeada de misticismo disfarçado de Psicologia. Era atualização da árvore da ciência do bem e do mal.

Saí dali incomodada com a falta de senso crítico das pessoas. Ele falava de maneira eloquente, contudo nada justificava aquela histeria coletiva mundial.

Uma amiga que havia ido à palestra me telefonou. Estava aos prantos. Disse que sua vida havia sido transformada naquele encontro. Leu o livro do psicólogo em um dia e afirmou que, depois de muitos anos, havia encontrado um propósito para viver.

Fiquei impressionada. Aquele homem a quem considerei um quase charlatão mudou a vida da minha amiga. Havia alguma coisa nele e no que falava que tocava a mente e o coração das pessoas. Resolvi ler o livro dele.

O livro era uma reprodução quase total da palestra, com a vantagem de não ter as intervenções barulhentas da plateia. Percebi que o autor tinha o mérito de perceber que as pessoas estavam sedentas de se autoconhecerem. Elas queriam mudar de vida, não sabiam como. Ele encontrou um meio de convencê-las que isso era possível se acreditassem primeiro nele e depois nelas mesmas.

Havia muita gente precisando de ajuda emocional. Eu poderia ajudar. Eu já estava fazendo isso no meu consultório. Mas era preciso atingir um número maior de pessoas. Pessoas que nunca pisariam em um consultório. Decidi que precisava ampliar meu público. Eu seria uma palestrante. Falaria para uma plateia maior que os meus pacientes. As pessoas precisavam de mim.

A primeira palestra que fiz foi para um grupo pequeno. Só familiares e amigos. Todos gostaram. Experimentei a sensação de bem-estar do dia da minha formatura. A partir daí, começaram a surgir palestras para vários lugares.

Minhas palestras eram despretensiosas academicamente. Contava um pouco da minha história e mesclava com conceitos psicológicos. Não era um Simpósio de Psicologia. Era uma conversa com pitadas psicológicas. Minha intenção era iluminar a mente das pessoas.

Estava animada. Sentia-me útil. Acabei deixando o consultório de lado. Os filhos reclamavam da minha ausência. Não conseguia ir aos cultos da minha igreja com a mesma regularidade de antes. Fazia tempo que não visitava meus irmãos. Nem me lembrava da última vez que havia saído com uma amiga para conversar.

Um dia perdi a hora. Não acordei a tempo de ir a um compromisso. Era a primeira vez que isso me acontecia. Sempre fui responsável. Estranhei, porém, achei que era um caso isolado. O sono estava mais pesado do que o normal.

Os dias foram passando e eu estava me sentindo sem força. Cansada e desanimada, teria que diminuir o ritmo. Passei a desmarcar as palestras agendadas. Continuava dormindo até mais tarde. Deixei de ir à academia. Perdi o apetite.

Não queria mais sair de casa. Ficava de pijama o dia todo. Deixava meu celular desligado. Não queria ver nem conversar com ninguém. Para escapar da marcação cerrada dos filhos, dizia que eu estava viajando, quando na verdade estava há uma semana sem sair de casa.

Comecei a emagrecer. Estava definhando Só pensava em coisas tristes. Chorava por qualquer coisa. Estava esgotada. Não tinha força para as tarefas mais simples.

Eu me culpava por não atender na clínica. Sentia angústia por não fazer as palestras. Parecia que tinha perdido o interesse em ajudar as pessoas. Tinha perdido o interesse em mim.

Passei a escavar lembranças que já estavam soterradas. Desenterrei um a um os piores momentos da minha vida. Não conseguia me lembrar de nenhum momento feliz. A vida parecia escura e sem sentido.

Ficava na cama, inerte. Nada mais me comovia. Parecia que eu vivia anestesiada. Estava me entregando àquele processo de esvaziamento das minhas emoções. Era como se estivesse vivendo um pesadelo, não conseguia acordar. Sentia-me prisioneira, não sabia como escapar daquela masmorra de tristeza e apatia.

O que estava acontecendo comigo? Não estava me reconhecendo. Estava viva biologicamente, porém quase morrendo emocionalmente. Parecia que morreria e isso não me parecia má ideia.

Sabia qual era o meu diagnóstico. No entanto, não queria enfrentá-lo. Era uma dura realidade. Eu, Estela, profissional que ajudava a curar a mente dos outros estava doente. Estava precisando de ajuda. Fugia de mim mesma, não queria admitir o que estava acontecendo. O fato é que sabia muito bem o que estava se passando comigo: depressão.

Capítulo 8

Relutei em procurar ajuda profissional. Achei que eu mesma poderia me ajudar. Mistura de arrogância em achar que estava tudo sob controle e medo de demonstrar fraqueza. Vítima de um pensamento arcaico, ultrapassado e preconceituoso contra a depressão.

Todos os preconceitos que combati nas pessoas estavam me assolando. Não me conformava de estar naquele estado. Embora estivesse farta de saber que depressão é uma doença, de alguma maneira, achei que não tinha cabimento estar daquele jeito. Não naquela fase da minha vida, a melhor, em que me sentia realizada.

Havia superado perdas, o final de um casamento, a resistência inicial dos colegas da faculdade com uma aluna mais velha e o fato de morar sozinha, os meus filhos agora eram independentes e tinham suas vidas. Eu não podia estar com depressão.

Eu tratava a depressão dos outros. Como eu poderia estar assim? Além do meu conhecimento científico, tinha fé em Deus. Não. Eu não podia estar com depressão. Em casa de ferreiro, o espeto é de pau. Teria que enfrentar tabus. Uma psicóloga cristã com depressão. Algo inaceitável para alguns. Neguei enquanto pude. Procurei cardiologista, neurologista, como contei no começo do livro. Os exames estavam ótimos. Meu problema não era clínico. Meu problema era emocional. Resolvi procurar minha psicóloga. Cláudia é uma tremenda profissional, a quem recorri quando me separei e em quem me inspirei para ser psicóloga.

Quando ela me recomendou escrever este livro, percebi que precisava ajustar algumas contas com meu passado. Eu não podia mais evitar tocar em assuntos delicados que tanto me feriram. Ignorar acontecimentos não estava me ajudando. Era necessária uma jornada na minha história para dar novo significado a tudo que me aconteceu.

Eu precisava de alguém para me ajudar nisso. Eu precisava de mim. A Estela profissional de mãos dadas com a Estela paciente. A Estela de ontem com a Estela de hoje.

Este livro não foi fácil de escrever. Tive que me lembrar de fatos que lutei para esquecer. Processo doloroso, porém necessário.

Há muitas Estelas por aí. Pessoas que ajudam os outros e se esquecem de si mesmas, que vivem remoendo fatos passados, sem querer solucioná-los, que fogem da própria história. Este livro foi escrito para a Estela, a Clarice, a Núbia, o Emerson, o José e a Maria que conhecemos. Quantas pessoas estão sofrendo com pensamentos de que a vida não vale a pena? Quanta gente perto de nós já pensou em desistir de lutar? Quantos são prisioneiros do passado? Reféns de mágoas? Quantas pessoas alimentam pensamentos negativos sobre si? Quanta gente sofre tudo isso e não percebemos?

Perdi o número de vezes que atendi pacientes que estavam doentes e ninguém percebia. Também é incontável o número de pessoas que possuem enfermidades emocionais e não sabem. Ou não querem admitir.

O livro foi parte da minha cura. Fiz acompanhamento clínico. Mudei meu estilo de vida. Reviver minha história e ressignificar os acontecimentos importantes foi fundamental da minha cura.

Exorcizei fantasmas emocionais que me acompanhavam pela vida toda. Perdoei o meu pai e parei de sentir raiva do meu ex-marido. Entendi que aquele ciclo terminou. Perdoei a mim mesma. Durante muito tempo, minha vida ficou congelada. Revivi de maneira masoquista o final do meu casamento. Estava presa àquela situação. Acertei os ponteiros do relógio da minha vida que estava pausada. Apertei o *play* e permiti que as coisas voltassem a acontecer.

Viver não é fácil. A luta é diária. No entanto, é possível obter pequenas vitórias por dia. Quando houver quedas, e acontecerão, é possível se reerguer.

Este livro foi redigido para mostrar que, se consegui, você também consegue. A vida é uma história escrita todos os dias. A história da sua vida ainda não terminou.

Para encerrar, vou propor um exercício. As páginas a seguir estão em branco. Minha sugestão é que escreva nelas parte da sua história, que faça um acerto de contas com seu passado. Aproveite para dar novo significado para tudo o que aconteceu de ruim na sua vida. Perdoe a quem o feriu. Faça as pazes com você. Reconcilie-se com seu passado.

Depois, avance. O passado é um lugar para visitar de vez em quando, não para morar nele. Aproveite o dia. Aproveite o presente. Não é à toa que o presente tem esse nome. Aproveite o hoje. Semeie coisas boas para o futuro. Bons sentimentos, bons relacionamentos.

Imagine como gostaria que sua história continuasse. Escreva como pode alterar o futuro da sua vida. Os próximos capítulos ainda não foram escritos. Ainda dá tempo de construir belas narrativas.

Desejo que o livro da história da sua vida ainda tenha muitas páginas de vitórias, de superação, de conquistas. Espero que conheça e ajude a melhorar a vida de muitas pessoas. E que esses novos personagens ajudem-no a ser uma pessoa ainda melhor.

Sua história pode mudar a vida de alguém. Espero que a minha história possa tê-lo ajudado. Afinal, o mundo precisa de você e de mim. E precisamos de DEUS.

Reescrevendo meu passado

Planejando meu futuro